철학 / 세계사 / 시사 논평

살며 생각하며

전설 지음

도서출판
디자인

살며 생각하며

전설 지음

머리말

한번쯤은 세계사나 철학 시간에 들어봄직한 사건들, 그리고 현재 우리 주변에서 일어나는 시사적인 일들을 다시 한 번 돌이켜보며 우리네 삶을 반성해보는 시간을 갖고자 합니다. 철학이라고 하면 우선은 보통 사람의 입장에서 다소 무겁고 피하고 싶은 주제인 것은 맞습니다. 하지만, 고등학교 정규 교과시간에도 철학을 심도있게 다루는 것은 아니지만 철학에 대해 학생들이 배우는 이유는 우리가 살아가는 삶의 이치와 맞물려 있기 때문이라고 생각합니다. 루소하면 가장 먼저 떠오른 것은 자연으로 돌아가라는 말일 것입니다. 여기에서 자연은 우리가 생각하는 자연이 아니라 계급도 없고 평등한 사회로 다시 돌아가라는 말일 것입니다. 자유와 평등, 박애에 대한 주제는 우리가 늘 관심갖고 있는 화두이기에 아마도 세월이 흐른 지금도 그의 사상은 복지정책을 비롯한 다방면에서 영향을 끼치고 있다고 생각합니다. 또한, 루소의 사회계약설을 비롯하여 루소는 자유로워지고자 하는 인간 본연의 욕구를 진지하게 추구했으며 완전 양도의 연합계약으로 근대적 시민권개념을 제시했다고 볼 수 있습니다.

우리나라와 지정학적으로 가까이 있기 때문에 늘 정치외교를 비롯하여 경제적인 측면까지 밀접한 관계를 맺고 있는 중국에 대해 과거사를 조명해보면서 과연 그렇게 큰 대국이라고 자칭 얘기하는 중국이 왜 세기말 열강의 소용돌이 속에서 쇠퇴할 수밖에 없었는지 과거사를 적나라하게 조명해봄으로써 현재 중국이 왜 그렇게 헤게모니를 장악하고자 미국과 각축을 벌이는지 조금은 더 이해를 하는 계기가 되리라 생각합니다. 그리고, 한 때 세계정복을 꿈꾸며 계몽군주로서 나아가 스스로 황제라고 칭하면서 세계를 호령했던 나폴레옹이 왜 나폴레옹은 봉건제도의 폐지와 같은 프랑스 혁명의 중요한 업적들을 유지, 계승하는 데 일면 이바지했다고도 볼 수 있지만 그렇다고 해서 민주주의 관점에서 그를 높이 평가할 수 있느냐는 또 다른 문제라고 생각합니다.

자유란 자기 스스로 결정하는 자유, 아무런 외부의 구속 ·억제에 영향을 받지 않고 자기 이상의 판단으로 자기의 행동을 결정하는 것을 의미하며 평등이란 인간의 능력에는 차이가 있다는 가정하에 개성 ·인종 ·종교 ·사회적 배경 등에 상관없이 주어진 기회를 최대한 이용할 수 있도록 해주는 것입니다. 그런 측면에서 과연 나폴레옹은 어떤 평가를 받을 수 있을까요?

이 외에도, 현재를 살아가는 우리사회의 다양한 현상들에 대해 잔잔히 한 번 생각하는 생각을 가지고자 합니다. 코로나를 비롯한 감염병, 코로나와 미래 교육, 정신장애인의 현주소와 이들에 대한 사회적 시선, 우리나라 인권 및 시민권, 한국의 여성정책, 현대인의 범죄 및 범죄학, 러시아와 우크라이나 전쟁을 통해 바라본 현대사 등을 조명함으로써 우리가 살아가는 이 현재의 모습들에 대해 다시 한 번 생각하는 시간을 가지고자 합니다.

차례

철학과 세계사 맛보기

루소의 『사회계약론』에 대한 단상

사회계약론의 저자인 장 자크 루소는 18세기 프랑스의 사상가이자 소설가이다. 1712년 제네바의 시계 수리공 집안에서 태어난 루소는 태어난 지 얼마 되지 않아 어머니를 여의고 아버지 손에서 자랐다. 하지만 루소가 10살이 되던 해 아버지의 칼로 인한 범죄 때문에 도피한 후에는 외숙부 밑에서 자라며 소년 시절은 방랑 생활을 하기 시작한다. 하지만, 그가 배워나갔던 방식은 엄격하고 짜인 틀 속에서 학업을 배우는 교육방식에 고민하게 된다. 실제로 그는 외사촌과 함께한 목사의 집에서 라틴어를 비롯한 여러 교육을 받았다. 그리고 그는 열여섯에 제네바를 떠나 바랑 부인을 만나게 되었고, 그녀로부터 지적 성장의 기회를 받고, 또한 철학과 문학에 대한 소양을 풍부히 갖추게 되는 계기를 맞이한다. 다소 불우한 소년기를 보낸 루소는 스물여덟에 가정교사로 일하는 등의 사회활동을 하다가 파리에 정착하게 된다. 18세기 프랑스의 계몽시대의 사상가로서 루소는 낭만주의 운동의 선구자라고 해도 과언이 아니다. 그의 역할 덕분에 계몽시대가 열렸기 때문이다. 1742년 파리에서 본격적인 저술가로 활동하면서 인간 불평등 기원론, 정치 경제론, 신 엘로이즈 등의 작품을 남기게 되었고, 마흔이 되던 1762년 4월에 자유 실현에 관한 사회계약론을 출간했으나, 책을 압수당하고 체포당할 위기에 처했다. 그는 스위스로

도피했지만, 제네바 당국도 『사회계약론』과 『에밀』에 대해 유죄 판결을 내리고 책을 불태우는 등 적대 분위기는 고조되었다. 주변의 박해로 여러 곳을 떠돌던 그는 지라르댕 후작의 배려로 그의 영지에서 집필 활동을 하다가 집필 중이던 『고독한 산책가의 몽상』을 완성하지 못하고 1788년생을 마쳤다. 루소의 사회계약설은 기존 사회에 대한 회의와 비판을 넘어 개인의 자유와 이익을 보장하는 공동체를 모색한 저술이다. 사회계약은 사회 및 국가군사력의 발생을 설명하는 개념으로 고대의 자연법 및 중세의 신법 개념으로부터 유래되었다. 루소는 홉스의 주권론과 자연법 사상가들의 경향을 종합적으로 설명했으며 자연법론자들의 주권 제한론과 주권자들의 절대 주권론을 종합했다. 루소가 주장하는 일반의지란 사회계약론에서 나타나는 공익의 핵심적 개념으로 국가란 그 구성원인 국민 개개인의 자유의사 상호계약 때문에 형성되어 성립된 공적 인격의 의사를 의미한다. '일반의지'란 자유와 평등을 지향하는 인간의 의지를 말한다. 루소는 사회 상태에서 그것을 실현하려 했으나 그는 그것을 인간의 의지 속에서 발견한다. 인간의 일반의지야말로 주권의 기초이며 법이나 정부도 여기서 나온다. 이 국민의 일반의지는 절대적이며 그르친다는 예외도 없고, 타인에게 양도나 분할도 불가하다. 따라서, 주권 또한 절대적이다. 루소의 인간 주권론은 가장 철저한 인간 주권론이며, 더구나 그는 거기서 인간주권의 절대성이라는 결론을 끌어낸다. 따라서 루소가 구상한 국가는 의회주의 국가가 아니라 직접민주제의 국가이다. 국민의 일반의지에 바탕을 둔 국가를 형성하는 수속(순서 또는 절차)을 제시한 것이 '사회계약'론이다. 각 개인은 자유와 평등을 최대한으로 확보하면서 공동이익을 지키기 위해 하나의 약속을 하고 국가를 형성한다. 이 약속이 사회계약이다. 그것은 주권자인 개개인 상호 간의 약속이며, 지배자에 대한 국민의 복종을 뜻하는 것이 아니다.

일반의지란 이기적인 개인으로서의 독립성과 사익성을 버리고 사회계약의 당사자가 되는 공적 주체로서의 시민의 의지, 시민에 의해 제정된 각종 법규범 등이다. 일반의지는 사회 상태에서 자유를 보장하기 위한 것으로서 자연상태의 인간이 사회 상태의 시민으로 변형됨으로써 성취될 수 있다. 그러나, 사회 상태에서 개입되는 자연적 자유와 특수의지는 개인이 일반의지를 거부할 수도 있도록 만든다. 따라서, 루소는 일반의지를 거부하는 자들은 자유롭도록 강제되어야 한다고 주장한다. 사회계약이 쓸모없는 규정으로 되지 않기 위해서 일반의지에 복종하기를 거부하는 자는 누구를 막론하고 단체에 의해 그것을 따르도록 강요되어야 한다는 약속을 내포하고 있다. 이는 개인이 자유롭게 되도록 강요하는 것과 같은 뜻에 불과하다. 루소가 말하는 '자유롭도록 강제됨'을 해석하면 공동체의 법을 어기도록 유혹받은 자들, 법에 복종하도록 설득되거나 유도되어야 할 잠재적 범죄자나 정의롭지 못한 법을 만들고자 하는 이들에게 적용되는 것으로 볼 수 있다. 이 점에서 벗어나도록 강제되는 것은 각자의 시민적 자유를 보존하도록 강제되는 것과 같다. 이는 정치공동체 타락을 방지하려는 것이다. 하지만, 자유롭도록 강제되는 것은 어떻게 시민들이 일반의지에 복종할 의무를 갖는지에 대한 것이 아니라 어떻게 그들의 의무를 실행하도록 강제되는 것이 그들의 자유와 양립 할 수 있는지 대한 문제이다. 하나의 정치공동체를 이루기로 한 시민들에게 자유를 파괴할 자유는 없으며, 그들 모두 상호 평등한 자유를 보장해야 할 의무를 져야 한다. 루소는 일반의지를 복종하기를 거부하는 자는 자유롭도록 강제된다고 말한다. 따라서, 자유롭도록 강제된다는 것은 자유를 폐지하거나 위협하는 상태가 아니라, 사회 상태에서 잠재적으로 나타날 수 있는 위법과 비자유의 상태를 제어하고 시민적 자유와 도덕적 자유를 창출하기 위한 것이다. 여기에서 '자유롭도록' 만든다는 것이 시민적 자유와 도덕적 자유의 창출이라면, '강제'한다는 것은 제한 없는 자연적 자유의 제어에 해당한다. 따라서 일반의지를 거부하는 자들은 자유롭도록 강제되어야 한다는 루소의 말은 단순히 국가 강제력에 대한 옹호가 아니다. 하지만 이렇게 자유롭도록 강제하는 과정은 실패할 수도 있다. 일반의지는 공동이익을 지향해야 하지만 각 개인만 생각하는 특수의지에 의해 전체의지로 전락할 수도 있다는 것이다. 또한, 능동적이고 합리적이어야 하는 시민이 수동적인 신민으로 전락할 수도 있다고 생각하는 바이다.

자연상태에선 생존하는데 방해물이 있으므로 생존하는 유일한 방법은 어떤 저항도 이겨낼 수 있을 만큼 강한 결합으로 흩어져 있는 힘들을 뭉쳐서 하나의 동기로 삼아 공동 행동으로 나아가는 것이다. 공동의 힘으로 구성원 각자의 신체와 재산을 보호하고 자기 자신에게만 복종하며 자유롭게 남아있을 수 있는 연합 형태를 발견하는 것이 사회계약론이다. 사회계약을 통해 개인 각자가 전적으로 자신을 양도하니 조건은 누구에게나 평등해지며 이 양도는 절대적이기 때문에 결합은 더할 나위 없이 완전하다. 더 높은 권력자가 없는 것이다. 개개인이 자신을 전체에 내어놓기 때문에 스스로는 누구에게도 자신을 내어놓지 않는다. 누구든지 자기가 상실한 모든 것과 같은 대가와 자기가 소유하고 있는 것을 보존하기 위한 더욱 큰 힘을 얻는다. 계약 뒤 계약자의 개인 인격은 사라지고 공동 자아가 생겨난다. 이것이 수동적이면 국가, 능동적이면 주권자이며 구성원들은 집합적으로 국민으로, 주권에 참여하는 개인이라는 의미에서 시민, 국가의 법률에 종속한다는 의미에서 신민이다. 자연의 상태에서 시민의 상태가 되면 정의가 본능을 대신하고 도덕성과 의무의 소리, 권리가 나타난다. 자신만을 돌보던 이도 다른 원칙에 따라 행동해야 하며 자기의 욕구를 추구하기에 앞서 이성에 문의해야 한다. 인간이 사회계약으로 잃어버리는 것은 그의 타고난 자유와 마음 내키면 취할 수 있는 모든 것에 대한 절대적 권리이고 얻는 것은 시민의 자유와 그가 소유하고 있는 재산에 대한 법률적 권리이다.

루소의 사회계약설을 비롯한 그에 대해 의의와 영향을 정리하면 다음과 같다. 루소는 기존의 사유 경향을 종합했으며, 인간존재의 본질적인 모순성을 날카롭게 파악했다. 자유로워지고자 하는 인간 본연의 욕구를 진지하게 추구했으며 완전 양도의 연합계약으로 근대적 시민권개념을 제시했다. 민주주의와 사회주의를 고무했으며 자신도 풀지 못한 새로운 문제를 제기했다. 그런데도 루소의 한계를 살펴보면 다음과 같다. 남성 중심적인 가부장 주의 사회에서 젊은 사람들과 여성들의 자발성을 위축시켰고 공동체의 이탈을 배제했으며 시대적 변화에 대한 경계, 경직된 체계와 배타적 경향을 들 수 있다.

자유와 민주주의에 관한 문제를 본격적으로 다룬 정치학의 고전이며, 루소의 정치사상이 나타나 있는 대표적 저작이라 할 수 『사회계약론』은 『인간 불평등기원론』에서 그 맹아를 보이는 자유와 민주주의에 관한 문제를 본격적으로 다룬 정치학의 고전이라 할 수 있다. 루소는 『사회계약론』을 통해서 개인의 행복에 대한 열망과 사회생활의 요구 사이에도 조화와 균형을 찾으려고 했으며, 참된 정치의 원리로 전체의사의 존중과 시민의 자결권, 그리고 주권을 제시했다. 공동체에는 공공의 이익을 위하여 개인이 감수해야 할 희생을 결정지을 정당한 권리가 있음도 사회계약론을 통해 인정했다.

개인적으로 가장 기억에 남는 문장은 바로 "인간은 본래 자유인으로 태어났다. 그런데 그는 어디서나 쇠사슬에 묶여있다"는 말이다. 그러면서 초기사회, 강자의 권리, 노예제도, 사회계약, 주권자, 물건, 사회신분, 생산권, 법, 국민, 입법, 정부, 투표, 선거에 이르기까지 차근차근 사회계약에 대한 그의 생각들을 이해할 수 있었다. 초기사회가 어떻게 형성되었으며, 강자와 권력의 관계는 어떻게 규정되는지, 노예와 권력의 관계는 어떠한지, 사회계약은 어떻게 이루어지는지 등에 간하여 기본적인 사안들을 이해할 수 있었고 주권은 전체 의사의 행사로서 양도될 수도 없고 분할될 수도 없으며 정부와 정부의 여러 형태, 즉 민주제, 귀족제, 군주제에 대해서 알게 되었다. 또한, 법을 집행하기 위해 정부는 필요하며, 정부의 한 형태인 민주정치는 전 국민, 혹은 절대다수의 정부이고, 귀족정치는 소수에 의한 정부, 군주정치는 한 사람에 의한 정부 형태임을 깨닫게 되었다. 루소는 사회와 문명 자체를 비판하고 무조건 자연으로 돌아가자는 주장을 한 것이 아니라, 어떤 특정한 사회적 질서를 비판했는데 루소는 다음과 같이 밝히고 있다. "나는 모든 악이 인간에게 속한 것이 아니라 잘못 통치한 인간에게 속한다는 것을 보여줌으로써 크게 위안이 되고 매우 유용한 것을 알게 할 것이다". 루소는 법의 주권을 옹호함으로써 시민적 자유를 보장하지만, 이것이 각 시민의 자발적인 도덕적 자유를 보장하기 위한 것임은 보여주지 못했다. 루소가 꿈꾸는 이상적인 사회계약은 마땅히 자연적 자유를 시민적 자유와 도덕적 자유로 대체해야 하고, 또한 일반의지는 특수의지를 압도할 수 있어야 한다.

이러한 이유로 루소는 일반의지를 복종하기 거부하는 자는 '자유롭도록 강제'된다고 말한다. 하지만, '자유롭도록 강제'되는 것은 필수임에도 실패할 수 있다는 위험성이 크다. 각 개인은 일반의지의 실현을 위해 '자유롭도록 강제'되어야 하지만, 이들은 자유롭도록 강제되지 않을 수 있는 자유를 가질 수 있다. 인간을 시민으로 만들기 위해서는 효과적인 탈자연화와 탈본성화가 필요하지만, 이는 매우 어려운 과정이다. 따라서, 루소의 사상을 이루고 있는 사회와 자연, 일반의지와 전체의지 등은 항상 혼동될 수 있는 위험성이 있고, 이런 위험성은 갈등이 있는 과정에서 일시적으로만 가능한 것으로 만든다. 루소의 일반의지 개념이 갖는 이와 같은 한계와 그가 살았던 18세기 제네바와 오늘날의 사회가 갖는 상당한 격차에도 불구하고, 루소는 해방의 정치나 정치적인 것의 자율성 개념을 가졌다는 점에서 진정한 정치철학의 창시자라고 부를 수 있다. 사회계약론은 미국 독립 선언에도 크게 공헌하였고, 프랑스 대혁명의 원동력이 되었다. 루소의 정치적 견해는 중세부터 현대까지 법치, 민주, 그리고 인본주의적 입장을 제시하고 있다. 그뿐만 아니라 칸트나 괴테에게도 끼친 영향이 크고, 영국이나 독일의 통치자에게도 영향을 주었다. 그의 사상의 한계에도 불구하고, 18세기 철학의 기념비적 존재이고, 20세기와 21세기

사회에서도 이 사상이 꾸준히 작용할 것은 확실하다.

루소의 사회계약설을 비롯한 그에 대해 감상을 정리하면 다음과 같다. 루소는 기존의 사유 경향을 종합했으며, 인간존재의 본질적인 모순성을 날카롭게 파악했다고 생각한다. 자유로워지고자 하는 인간 본연의 욕구를 진지하게 추구했으며 완전 양도의 연합계약으로 근대적 시민권개념을 제시했다. 민주주의와 사회주의를 고무했으며 자신도 풀지 못한 새로운 문제를 제기했다. 하지만, 태초의 인간이 정말 자식과 자연을 사용하지 않는 동물적인 생활을 하였을까 생각하였다. 제아무리 동물적인 생활을 하였다고 하여도 자식에 대한 모성애와 동족에 대한 감정이 있었을 것으로 생각한다. 가족의 개념이 생기기 이전에도 감정이 존재하였으리라 생각하기에 이러한 추론은 극단적이라고 생각하였다.

중국의 쇠퇴과정에 대한 단상

세계의 역사 중 나름대로 의의가 있는 큰 사건 2가지를 중심으로 살펴보고자 한다. 우선은 19세기 중엽 이후 중화민국의 수립에 이르기까지의 중국의 쇠퇴과정을 서술하고 그 원인에 대해서 알아볼 것이며 이후 프랑스 혁명과 나폴레옹 보나파르트의 관계에 정리해보고자 한다.

중화민국 수립에 이르기까지의 중국쇠퇴과정과 원인

중국의 쇠퇴과정을 살펴보면 다음과 같다. 우선, 제1차 중영전쟁 (아편전쟁) 1840년에 일어난 제1차 아편전쟁은 중국의 아편 단속을 원인으로 하여 영국이 일으킨 전쟁이다. 전쟁이 일어났을 당시 영국에 대한 중국의 최대수출품은 차였고 영국의 주요수출품은 모직물과 인도산 면화였다. 영국으로서는 차 수입을 결제할 은(銀)이 부족했기에 얍삽한 방법인 아편을 중국에 밀수출하여 자신들의 무역적자를 극복하고자 했다. 청나라는 임칙서를 내세워 강력한 아편 단속 정책을 펼치고 마약상들을 홍콩으로 쫓아냈고 이에 영국은 아편 단속에 반발하여 전쟁을 일으켰다. 당시 강력한 무기를 내세워 영국은 승리했고 이로 인해 불평등조약인 난징조약이 체결되어 영국은 홍콩섬을 할양받고, 광저우, 샤먼, 푸저우,

닝보, 상하이 등 다섯 개 항구를 강제적으로 개항시켜 중국으로서는 굴욕으로 남는 전쟁이라 할 수 있다.

다음으로 제2차 중영전쟁인 애로호 사건은 1856년 발발했다. 이는 청나라가 애로호의 영국 국기를 바다에 던진 애로호 사건을 빌미로 프랑스와 청나라를 협공하여 연합군을 구성하여 광저우를 침략해서 살인을 저질렀고 이를 틈 타 러시아군도 청나라를 침략하게 되었다. 연합군은 톈진조약을 통해 청나라가 영국과 프랑스에 배상금을 지급하게 강요했고 더더욱 개항을 요구하며 기존에 자신들이 감행한 아편 무역을 합법화하는 아주 비열한 내용을 강제했다. 이 무렵 청나라는 기독교도 공인하는 비참함을 겪게 되는데 청나라의 후속 조치가 그다지 효과를 거두지 못하자 1859년, 수도 베이징 근처, 1860년 별궁인 원명원을 약탈함으로써 결국 베이징이 함락함과 동시에 청나라는 굴욕적인 베이징 조약을 영국, 프랑스, 러시아와 체결한 후 전쟁은 종식에 이르게 된다.

중화제국 질서 붕괴의 시작은 타이완사건, 청불전쟁, 청일전쟁으로 설명된다. 타이완 사건은 1874년 청과 일본 양국에 조공을 바치고 있던 류큐국의 표류민 54명을 타이완 토착민들이 살해한 것을 계기로 청나라 조정은 살해된 류큐 사람들에 대한 보상금과 타이완 점령지에 일본군이 설치한 시설물 대가를 지급하기로 한 청으로서는 가슴 아픈 사건이라 할 수 있다. 무엇보다 청나라의 종주권을 부인하고, 류큐국을 일본 속국으로 인정하는 계기가 되었다. 청불전쟁은 1884년 8월에서 1885년 4월까지 베트남 북부의 통킹을 프랑스가 차지하기 위하여 벌인 전쟁으로 베트남에 대한 청나라의 종주권을 놓고 프랑스와 청나라 사이에 벌어진 전쟁이다. 사실 따지고 보면 한 나라를 두고 열강이 각축을 벌인 어이없는 사건이라 할 수 있다. 식민지 쟁탈전에서 프랑스는 베트남을 적극적으로 공략하여 1874년 제2차 사이공 조약을 체결하여 베트남 남부 6성을 할양받음과 동시에 베트남을 보호국으로 삼았다. 기존에 베트남에 주도권을 갖고 있던 청나라는 이러한 조약을 무효화시키면서 베트남에 군대를 급파하여 전쟁을 벌였고 프랑스 함대는 타이완과 푸저우 항구를 포격, 청나라 군함(복건 함대)을 패퇴시켰다. 이로 인해 1885년 6월 청나라는 톈진강화조약을 체결함과 동시에 자신이 종주권을 주장했던 베트남을 프랑스의 보호하에 둘 수밖에 없었다. 마지막으로 청일 전쟁은 임오군란 당시에 명성황후의 요청으로 조선의 종주를 주장한 청나라에 대해 일본이 일으킨 1894년 7월 25일부터 1895년 4월까지 전쟁이로 우리에겐 지울 수 없는 굴욕이자 가슴아픈 역사로 남아있다.

민중운동의 시작은 태평천국운동과 의화단투쟁으로 구분된다. 태평천국운동은 1850년에서 1864년까지 중국 대륙에서 벌어진 대규모 내전이며, 교전 상대는 청나라 조정과 기독교 구세주 사상을 신봉하는 종교국가 태평천국과의 다툼이었다. 태평천국운동은 초기에는 작은 세력이었지만, 하층민들을 크리스트교의 교리를 전파함에 따라 날이 갈수록 세력이 확장되었고 후에는 한족들의 땅이라고 불리는 곳을 함락해 나갔다. 무엇보다 기존 청나라에 불만을 가진 이들을 세력으로 넓혀나감과 동시에 여성인권 상승과 농민에게 토지를 나누어주는 사회주의 정책으로 상당히 성공을 거두었다. 1860년대에 본격화된 청나라와 서구열강의 협공으로 천왕 홍수전은 자살하고 7월 천경이 함락되면서 태평천국은 멸망하였지만 재산을 공유하고 토지를 농민들에게 고르게 분배하는 사회주의적 성격과 미국의 대통령 제도를 받아들이고자 한 민주주의적 성격을 갖춘 기독교적 색채를 표현한 사회 운동이라는 의미를 갖고 있다.

의화단 운동은 청나라 말기 의화단이 일으킨 외세 배척 운동으로 1897년 독일이 산둥성 일대를 점령하자 의화권의 반외세, 반기독교 운동이 격화되었고 의화권은 민간 자위조직에 침투해 의화단이라고 했다.

이후 개혁을 시도하는 양무운동과 변법운동이 일어난다. 양무운동은 한 마디로 청나라 말기 군사중심의 근대화운동으로 서양문물을 수용하여 부국강병을 이루려는 노력이라 할 수 있다. 증국번, 이홍장 등 관료들이 군사공업을 일으키면서, 1870년대 이후 광공업이나 교육 등 다른 부문까지 근대적 개혁이 확산되기까지 중국 사회에 근대적 변화를 가져왔다고 할 수 있다. 하지만, 전국적 차원에서 통일된 계획 아래 추진되지 못했고 군사중심의 근대화에 치중하여 사회, 정치 체제 근대화는 무시되어 결국에는 '무술변법운동'의 지도자에게 물려주어야만 했다.

변법운동은 변법자강운동으로 양무운동의 한계를 느끼고 정치, 교육, 법 등 청나라 사회전반의 제도들을 근본적으로 개혁하고자 한 운동이라 할 수 있다. 캉유웨이의 변법자강책을 살펴보면 과거제도 개혁, 조세 개혁, 탐관오리 혁파, 경제 개혁을 중점으로 하여 무술변법을 통해 실행하고자 했지만 서태후 등 반개혁파가 일으킨 무술정변에 패배해 외국으로 망명함으로 안타깝게 막을 내리게 된다.

1911년 청나라를 멸망시키고 마침내 중화민국이 탄생하게 되는데 쑨원은 1905년 중국혁명동맹회(중국동맹회)를 결성하고 삼민주의를 제창하는 일변 혁명파를 지휘, 반청 무장투쟁을 전개했다. 신해혁명으로 인해 중국을 다스린 천자 통치가 종말을 고하고 민주공화국이 세워졌다. 이 혁명(제1차 혁명)으로 공화정이 수립됐지만, 곧 위안스카이가 대총통이 되면서 독재정치가 시작되었는데 1913년 7월 국민당에서 '위안스카이를 타도'하려는 운동하면서 혁명을 호소하여 봉기했다. 우창에서 최초로 봉기한 10월 10일을 중화인민공화국에서는 '신해혁명 기념일'로, 중화민국에서는 중요 국경일인 "중화민국 국경일"로 기념한다. 신해혁명은 기본적으로 안팎의 패망 위기를 극복하기 위해 새로운 국가체제를 수립해야 한다는 광범위한 국민적 각성 위에서 성취된 까닭에 이후에 전개된 모든 반제국주의 투쟁의 선구자 역할을 수행했다.

중화민국의 수립은 결국 청왕조의 붕괴를 의미한다. 중화민국은 신해혁명의 성공으로 1912년 1월, 쑨원의 삼민주의를 강령으로 수립된 아시아 최초의 공화제 국가라 할 수 있다. 사실 따지고보면, 수렁에 빠진 청왕조는 자금성의 담장 뒤에서 10년 더 권력에 매달렸지만, 1911년의 우창 봉기로 대륙내의 18개 성이 청나라에서 탈퇴하기로 결정하자 청나라는 결국 더이상 유지될 수 없었다. 6세의 푸이 황제는 1912년 2월 12일 공식적으로 왕위를 포기했고, 청 왕조뿐만 아니라 중국의 수 천년 제국시대를 마감하게 된 것이다. 쑨원은 중화민국의 초대 총통으로 선출되었고, 중국 대륙의 제국의 시대는 저물고 공화정의 시대가 시작되었다.

이제 중국 쇠퇴의 원인과 이에 대한 평가를 내리고자 한다. 사실 중국 쇠퇴의 원인을 한 가지로 평가할 수는 없다. 따지고 보면 그렇게 광활하고 몇 천 년을 호령했던 나라가 서구문물을 빨리 받아들이지 못하고 관료들 부패와 더불어 개인의 사리사욕을 챙김에 따라 그렇게 부국강병을 자랑하고 세계의 중심임을 호령했던 청나라도 하루아침에 역사 속으로 사라지게 되었다. 물론 하루아침이라는 표현이 과할 수는 있지만 준비되지 않은 왕조는 언제든지 물거품이 되어 사라질 수 있음을 너무나 잘 보여주는 단편적인 예라 할 수 있다. 당시 서구문물을 살펴보면 급속도로 과학 기술의 발전으로 합리적이고 이성적인 문물이 확산을 이루고 산업혁명이 이루어져 신무기를 비롯한 근대화에 성공했지만 세상의 중심임을 과신하고 자아도취에 빠진 중국은 전혀 이러한 세계의 흐름을 파악하지 못한 채 도태되고 있음을 알 수 있다. 강력한 신무기로 무장한 영국을 비롯한 프랑스가 세계패권을 장악하기 위해 고군분투하는 동안 중국은 내전에 휩싸이며 집안단속도 제대로 못했으니 설령 전쟁을 한다고 해도 백전백패일 수밖에 없다.

따지고보면 서구열강이 잘못한 점은 너무나 많다. 하지만, 힘의 논리가 지배적인 당시 상황을 살펴보면, 교묘하게 아편을 중국인들에게 밀매하며 자신들의 잇권을 차지하려는 영국에게 광활한 중국은 그저 포획하기 쉬운 먹잇감에 지나지 않았다. 아편전쟁과 애로우 사건을 겪으면서 중국은 급격히 쇠퇴하게 되었고 이후 타이완사건, 청불전쟁, 청일전쟁에서도 처참히 무너짐으로써 중국은 아시아에서마저 베트남을 베트남에게 종주를 넘겨줌으로써 아예 명함판도 못내밀게 되었다. 민중 운동의 시작으로 태평천국운동과 의화단투쟁이 펼쳐지기도 했다. 이로 인해 소작농의 지위가 상승되고 일부 민주주의가 도입되며 여성인권이 상승되고 서구열강 외척을 배척하려는 노력이 이루어지기도 했고 개혁의 시도로 양무운동과 변법운동을 통해 서양문물을 차라리 빨리 습득하고 익혀 군비를 신식화하고자 노력했다. 하지만 전반적인 개혁이 아니라 일부에 그친 이러한 노력들이 사실 결실을 이루기에는 턱부족이었다. 이후 신해혁명이 일어나 마침내 청나라가 멸망되고 쑨원에 의해 중화민국이 탄생함으로써 중국 청나라는 대단원의 막을 내리게 된다. 영화 '마지막 황제'에 나오는 푸이 황제는 중국 역사적으로 보면 가장 가슴아픈 한서린 역사로 이로 인해 중국대륙의 시대는 마지막 막을 내린다. 어느 국가나 마찬가지로 관리가 부패하고 위정자의 대표격인 지도자들이 제 역할을 못할 때 결국은 패망의 길을 걷게 된다. 아울러 자기중심적인 자아도취의 세계관에 빠지면 결국에는 가슴아픈 역사만이 남아있음을 알게 된다. 이는 우리나라한테도 적용되는 뼈아픈 교훈이라 생각되며 이러한 위급한 국제관계에서 앞으로 우리나라도 생존하기 위한 줄타기 외교가 더더욱 절실하다는 생각이 든다.

프랑스 혁명과 보나파르트의 관계

프랑스 혁명은 어쩌면 시대적 부산물로 당연히 발생할 수밖에 없는 구조적인 문제점들을 내포하고 있다고 생각한다. 물론 근본적으로 시대를 거슬러 올라가면, 이러한 프랑스 혁명은 국민의 자유에 대한 갈망의 절대적인 표시였다고 생각한다. 프랑스 혁명은 사실 1700년대 몽테스키외와 루소의 진보적인 사상에 근거하여 특히 루소의 계몽주의는 당시 유럽의 엘리트 계층을 사로잡으면서 절대왕정에 대한 불만을 토로하는 장으로 자리매김을 했다. 이러한 상황에서 1789년 6월 20일에는 제3계급 대표자들이 프랑스 헌법 제정에 관해 서약하기에 이른다. 물론 프랑스혁명의 최대 피해자로 흉내 낼 수 있는 루이 16세는 국민회의를 훼방하기 위해 삼부회가 열리는 회의장을 찾아가 모임을 차단하지만, 자유의지를 이미 표명한 이들 삼부회 대표와 성직자들은 회의장 대신 베르사유의 테니스 코트에서 헌법 제정은 물론 사회질서가 바로잡힐 때까지 절대 해산하지 않을 것을 서약하며 맞서게 된다. 1789년 7월 14일, 바스티유 감옥을 습격함으로써 프랑스 대혁명이 시작되었는데 이러한 바스티유 감옥의 습격은 루이 16세와 그의 국민 사이에 돌이킬 수 없었던 불화가 원인이었다고 할 수 있지만, 근본적으로는 자유를 갈망하는 국민의 내포된 의지가 결국에는 일순간 터져 나왔다고 할 수 있다. 1789년 프랑스혁명, 이는 단순한 혁명이라고 하기엔 너무나 수많은 내포된 의미가 함축되어 있다. 수백 년 동안 유럽을 지배한 절대왕정에 지친 국민이 이제는 견디지 못해 이러한 왕정을 무너뜨려서 계급을 타파하고 자유민주주의의 길로 들어서도록 만든 대사건으로 명명할 수 있다. 이러한 혁명이 왜 일어났는지는 너무나 명약관화이다. 혁명 전야엔 공통으로 기득권층의 부정부패, 빈곤, 재난, 그리고 개혁의 실패가 전조 증상으로 나타났고 그 중심에 바로 루이 16세와 그의 왕비 마리 앙투아네트의 화려한 사치와 낭비가 일조하고 있음을 알 수 있다. 우리나라의 양반제도보다 어쩌면 더 극심한 신분제로 인해 태생부터 금수저로 부와 사치를 누린 귀족은 단순히 자신들의 권익을 누리는 것에 지나지 않고 문제는 민중을 탄압하고 억압했다는 사실에 있다. 물론 이 이면에는 세금이라는 가장 무서운 민중을 괴롭히는 수단이 자리 잡고 있음을 알 수 있다. 만일 당시 프랑스가 세제개혁에 성공만 했다고 해도 이러한 프랑스혁명이 발발하지 않았을지도 모른다. 당시엔 밀고가 시민의 의무였고 단두대가 미덕의 재단이었는데 약 4만 명이 단두대의 이슬로 사라졌다. 1793년 1월 21일, 마침내 루이 16세와 마리 앙투아네트도 최후를 맞이하게 되는데 여기서 짚고 넘어가야 할 점은 심지어 처형대에서 최후를 맞이하면서도 정작 본인은 왕의 책임을 망각한 채 자신의 무죄를 고백했다는 점이다. 백성을 돌봐야 할 왕이 자신의 가장 기본적인 책임도 완수하지 않은 채 오롯이 자신의 안위만을 챙기는 모습에서 어쩌면 오늘날 대통령을 비롯한 국회의원들이 얼마나 국민을 위해 일하는지 다시 한번 돌이켜보게 된다.

지롱드파는 부유한 부르주아를 대변하면서 지방분권적인 연방 공화정을 주장한 온건파지만 자코뱅파는 프랑스 혁명기에 중산적 부르주아와 소 생산자층을 대변하면서 중앙 집권적 공화정을 주장한 급진파를 의미한다. 당연히 이 두 당파 간에는 반목과 갈등이 대립하였고 이에 자코뱅당의 지도자 로베스피에르는 루이 16세를 반혁명을 기도했다는 죄목으로 단두대에서 처형한 후 지롱드당마저 국민공회에서 추방함으로써 일단락 지어졌다. 처음에는 국민을 위한다는 취지에서 이루어진 개혁이었지만 당시 프랑스는 국내외적으로 상당히 어려운 시기여서 평화를 이룰 때까지 잠정적으로 새로운 헌법인 보통 선거권, 노동권과 생존권 등을 명시한 민주적 헌법은 보류되고 말았다. 이후 자코뱅당은 평화를 위한다는 명분으로 자기와 뜻을 달리하는 사람들을 대상으로 일명 과도한 공포정치를 실시하게 된다.

공안위원회와 혁명재판소를 만들어 조금이라도 반항의 기지가 보인다면 즉시 단두대로 보내어 처형하게 된다. 굳이 이유를 찾자면 이러한 프랑스의 혁명에 지레짐작 겁먹은 주변국들이 호시탐탐 프랑스를 공격했고 반등을 노리고자 하는 국내의 지롱드당과 귀족 세력들이 자코뱅당의 허점을 노리면서 위협을 가했기 때문으로 풀이된다. 명분은 프랑스 혁명의 대의를 지키고자 노력한다는 것이었지만 이러한 공포정치는 여느 시대적 흐름에서 보이는 양상과 마찬가지로 결국에는 반대파의 거센 저항에 부딪혔고 심지어 같은 당파 내에서도 로베스피에르를 반대하는 이들이 늘어나게 되었다,

1794년 7월, 테르미도르가 로베스피에르를 독재자로 규정하며 다음 날 단두대에서 이슬처럼 사라지게 되는데 물론 이를 두고 여러 가지 견해가 있기도 하다. 혹자는 이 사건을 두고서 프랑스 혁명 정신을 후퇴시킨 보수 세력의 음모가 아닌가 추측하며 테르미도르의 반동이라고 규정하기도 하지만, 여기서 짚고 넘어갈 점은 이렇게 자코뱅당의 로베스피에르가 몰락함과 동시에 국민공회는 곧장 1793년의 헌법을 폐기함과 동시에 1795년 양원제 의회와 5명의 총재로 형성된 집행부를 명시한 헌법을 제정했다. 하지만, 이렇게 급조된 총재정부는 혁명으로 인한 추후 문제를 해결하기에 미비했고 심지어 부패가 심화함에 따라 시대는 이러한 위기를 헤쳐나갈 새로운 영웅을 탄생시키기에 이른다. 여기서 등장한 인물이 바로 나폴레옹이라 할 수 있다.

공포정치는 한 마디로 국민을 공포에 떨게 만드는 정치이다. 일명 국민을 옥죄면서 자신들의 정권을 유지하기 위한 하나의 형태인데 프랑스 혁명가 발발하고 나서 로베스피에르를 비롯한 자코

뱅파가 상대 당인 지롱드파에게 폭력을 행사했음을 알 수 있다. 물론 이러한 공포정치에 대해 당시 시대적인 분위기상 어쩔 수 없었다고 하는 이들도 있는가 하면 사회를 평등하게 재구성하기 위한 일시적인 방편이었다며 옹호하기도 한다. 그러면서 인민주권과 인간 재생 이데올로기의 불가결한 귀결이었다고 하기도 하는데 아무리 취지가 좋다고 한들 그 과정에서 이러한 폭력적이고 끔찍한 공포정치를 과연 정당화할 수 있는지 의문이 든다. 결국엔 이러한 우여곡절을 겪으면서 공포에 지친 국민은 이러한 과격한 공포정치를 종식하기 위해 로베스피에르를 연설 도중 끌어내어 사형시키기에 이른다. 이러한 분위기에서 결국 어부지리로 가장 큰 이익을 본 사람이 바로 나폴레옹이다. 프랑스 혁명을 뒤이은 인물이지만 과연 그가 계몽주의에 근거하여 발생한 프랑스 혁명의 선두주자라고 말할 수 있을지 의문이 든다. 어쩌면 모순덩어리인 그가 어떻게 프랑스 대혁명의 영웅이자 선두주자로 추앙받는지 도무지 이해할 수 없다. 그는 카를 3세 이후 프랑스 최초의 황제가 된 인물이며 그의 영향력은 매우 강력했기에 그의 몰락과 빈 회의 이후 근대 유럽의 외교사는 어떻게 하면 이런 인물이 다시 유럽을 집어삼키는 걸 막는가를 기준으로 진행될 정도였다 한다.

나폴레옹은 사실 프랑스의 전형적인 인물은 아니다. 어쩌면 출생부터 프랑스가 아닌 그였지만 운 좋게도 시대적인 분위기가 영웅을 만들었다고 생각한다. 혁명을 처음부터 다시 살펴보면 장 자크 루소, 볼테르, 몽테스키외, 드니 디드로 등의 계몽주의자들과 백과전서파들로부터 시작되었고, 이 중에서도 프랑스 혁명은 당연코 루소의 영향을 받았다고 할 수 있다. 루소의 사회계약설과 인민 주권론은 왕권신수설을 주장하던 프랑스의 전제왕권에 반대하는 사람들의 이론적 배경이 되었다. 앞에서 언급했듯이 1795년 5인의 총재로 형성된 총재정부가 등장하였다. 물론 로베스피에르의 공포정치를 종식했다는 측면에서는 상당히 취지는 좋았지만, 총재정부는 위기와 혼란의 정국을 해결하기에는 역부족이었고 무엇보다 자체적으로 부패한 정권이어서 이내 국민의 마음은 돌아서기 시작했다. 특히 불안한 국제정세로 국민은 강력한 지배자가 나오기를 바라는 마음이 생겼고 이러한 틈새를 공략하여 상당한 지력과 힘을 가진 군사 지도자로서 나폴레옹이 부상되었다. 그는 통령정부를 세운 후, 국민투표로 황제가 되어 나폴레옹 1세로 즉위하였다. 그런데 여기서 짚고 넘어가야 할 점은 기존의 부패하고 타락한 왕권을 타파하기 위해 이루어진 정부가 마치 이를 비웃기라도 하듯 기존의 악습을 계승하여 자신의 권력 유지를 위해 황제가 되었다는 사실이다. 누구나 그러하듯 자리에 앉으면 저절로 권력 욕심이 생기나 보다. 이에 프랑스는 제1공화정이 끝나고 제1제정이 시작되었다. 나폴레옹은 사회질서의 회복과 경제 발전을 도모하였으며 나폴레옹 법전을 편찬하여 법 앞에서 모든 국민의 평등을 보장하는 정책을 추진하였다. 겉으로 보이는 이러한 개혁을 통하여 나폴레옹은 국민의 지지를 얻으며 황제가 된 것이며 이후 그는 황권을 강화하고 자신의 권력은 그는 황제가 된 후, 유럽 제패의 길로 나섰다. 영국을 중심으로 프랑스에 대항하기 위한 동맹이 결성되자, 나폴레옹이 먼저 영국을 공격하였으나 트라팔가르 해전에서 대패하고 만다. 하지만, 이에 좌절하지 않고 오스트리아군을 격파하여 신성로마제국을 해체함은 물론 프로이센과 러시아에 대승함으로써 이들과 굴욕적인 강화조약을 맺은 후 유럽 대륙을 정복하기에 이른다. 유럽에서 영국이 지속해서 대항하자 이제는 군사력으로는 승산이 없다고 판단한 나폴레옹은 마지막으로 경제적인 봉쇄를 시도하게 되었다. 마치 현재 러시아와 우크라이나 전쟁에서 러시아를 경제적으로 고립시키기 위한 미국을 비롯한 주변 강대국들의 경제적 제재와 일맥상통한다. 하지만, 이러한 영국을 봉쇄시키기 위한 대륙봉쇄령은 영국보다는 오히려 대륙 국가에 위협을 가하게 됨에 따라 러시아가 먼저 대륙봉쇄령을 위반하게 된다. 이에 격분한 나폴레옹은 70만 대군을 이끌고 모스크바를 공격했지만 아무래도 러시아의 추위를 견디기에는 역부족이어서 나폴레옹은 패전하기에 이른다. 기회를 노린 유럽 국가들은 이러한 나폴레옹의 패전 소식을 기회로 삼아 그를 완벽하게 격파시킨 후 외딴섬에 귀양을 보냄으로써 천하를 호령한 나폴레옹은 역사 무대의 뒤편으로 사라지게 되었다.

나폴레옹이 몰락함에 따라 프랑스 혁명도 일단락 지어졌다. 나폴레옹은 봉건제도의 폐지와 같은 프랑스 혁명의 중요한 업적들을 유지, 계승하는 데 일면 이바지했지만 그렇다고 해서 프랑스 혁명의 정통적인 계승자는 아니었다. 그는 혁명 정신에 어긋나는 독재자였고 무엇보다 본인 자신을 황제로 칭하면서 전 유럽을 전쟁의 소용돌이에 빠뜨린 정복자였다. 그런데도 굳이 그에게서 좋은 평가를 하고자 의의를 찾는다면 군사적 정복을 통해 혁명 이념을 유럽 각지에 전파하여, 자유주의 운동을 촉진했으며 민족주의가 역사 전면에 등장했다는 점이다. 자유란 자기 스스로 결정하는 자유, 아무런 외부의 구속·억제에 영향을 받지 않고 자기 이상의 판단으로 자기의 행동을 결정하는 것을 의미하며 평등이란 인간의 능력에는 차이가 있다는 가정하에 개성·인종·종교·사회적 배경 등에 상관없이 주어진 기회를 최대한 이용할 수 있도록 해주는 것인데 민주주의의 근본이념인 인간의 존엄성 실현이라는 기치 아래 이러한 자유와 더불어 인격의 평등이 보장되도록 일면 노력했다고 평가할 수 있다. 하지만, 이러한 평가는 굳이 그에게서 좋은 점을 찾고자 노력했을 때 보이는 빙산의 일각으로 생각될 뿐 전체적인 평가에서는 현재의 자유민주주의 측면에서는 높은 점수를 주기가 어렵다.

영화에 대한 이해

영화흥행 및 마케팅에 대한 단상

MPR 전술이란 소비자를 대상으로 마케팅 목표를 달성하기 위한 전략을 실행하는 구체적인 방법을 의미한다. MPR 전술이 일회성으로 끝나지 않도록 보도자료를 통해 사실적이고 뉴스가치가 있는 정보를 제공하고 공중에게 지속적으로 영향을 미치는 활동을 하는 것이 중요한 MPR 전략인 것이다. 해리스(Harris, 2006)는 MPR의 다양한 전술을 보도자료, 미디어 투어, 기자회견, 공익사업, 조사발표, 현장 이벤트, 축제, 스포츠 이벤트, 콘테스트, 세미나, 기사형 광고, 샘플, PPL 등으로 소개했다. 해리스는 MPR(Marketing Public Relations)은 자신의 저서 The Marketer's Guide to Public Relations에서 마케팅 목표를 이루기 위한 PR 활동을 마케팅 PR(Marketing Public Relations, MPR)이라고 정의하면서 MPR이라는 단어를 통해 PR을 '통합된 마케팅 커뮤니케이션'이라는 '마케팅 패러다임'에 위치시키고자 했다. 특히 MPR은 다른 커뮤니케이션 도구와 연결될 수 있음을 통해 Microsoft, Chrysler, General Motors가 Window95, Neon, Saturn을 비롯해 자사의 중요한 다른 브랜드를 발전시키기 위해 MPR을 철저하게 이용했다고 강조했다. MPR의 기능은 우선, 광고가 런칭되기 전 시장을 자극하여 소비자로 하여금 흥미를 유발시키고, 새 브랜드를 드라마타이즈(dramatize)함으로써 광고효과를 증대시키며, 광고가 뉴스거리가 되게금 만들어 주며, 소비자와 브랜드의 관계가 유착되게 해준다고 했다.

1980년대, 기업들은 기업활동의 본질적 가치를 새롭게 인식하며, PR 전문가들이 기업 마케팅전략을 담당하고 기획능력을 확신하면서, 마케팅PR(Marketing Public Relations, MPR)은 급부상했다. 코틀러(Philip Kotler)는 Marketing Management에서 MPR은 지속적으로 발전하는 분야가 되며 광고가 더 이상 마케팅에 관한 해결책이 되지 못하며 PR이 마케팅과 통합하는 사실을 알면서 눈부신 발전을 했다고 언급했다. 근대 PR의 창시자인 버네이(Edward Bernays)는 대중이 콜레스테롤, 비만과 질산염에 대해 관심을 갖기 훨씬 이전 과중한 아침식사를 통해 일어날 수 있는 건강문제를 홍보하면서 "베이컨과 계란"을 미국인들이 가장 좋아하는 아침식사로 만들었다. 현재 다수의 기업들이 MPR을 사용해 판매를 촉진시키는데, 포드사(The Ford Motor Company)는 광고 없이 기업 PR을 통해 자사의 토러스(Taurus)와 세이블(Sable) 자동차에 대한 소비자 브랜드 인지율을 50% 이상 확보했으며, 제품출시 전 엄청난 물량을 사전 예약받았다. 이처럼 의도된 메시지를 광고에서 주장하는 것보다 제3의 독립적인 PR로부터 메시지가 전달되면 소비자의 신뢰는 높아지게 되므로 상당한 효과를 누리게 된다.

통합마케팅 커뮤니케이션은 1990년 제네럴 모터스(General

Motors)가 주도했는데 GM사는 PR과 마케팅 전문가를 통합해 커뮤니케이션 목적을 달성한다는 목적하에 새로운 커뮤니케이션의 필요성을 강조했고, McDonald's와 IBM사도 1990년대 통합 마케팅을 선도하여 시너지효과를 얻기 위해 통합 마케팅 커뮤니케이션으로 PR의 방향을 수정했다.

힐과 놀튼(Hill & Knowlton), 골린과 해리스(Golin/Halis)는 MPR 역할을 첫째는 광고전문가들이 광고의 효과를 매우 정확하게 측정한다는 믿음. 둘째, 소비자는 학습하고 배우고 행동하며 변화하는 능동적인 존재이므로 광고주 생각만큼 소비자행동을 정확하게 파악하는 문제는 쉬운 일이 아니라는 설명을 했고 셋째, 광고목적은 상품진열대 판매(shelf movement)와 순익관점에서 논의된다는 것이다. MPR와 관련해 드러커(Peter Drucker)는 비즈니스 목적은 고객을 창조하므로 통합마케팅을 강조했다. 이를 놓고서 보면 영화만큼 MPR가 잘 적용될 수 있는 영역은 없다. 영화를 상품으로 간주한다면 영화에 출연한 배우들을 비롯해 감독과 시나리오까지 무한한 내용의 메시지가 생산되며 미디어를 통해서 보도된다면 MPR의 원리적 기능이 극대화된다.

영화에 미치는 흥행 요인

영화에 미치는 흥행 요인을 3가지 측면에서 살펴보고 이에 대하여 논하고자 한다. 대중매체에 실려 있는 영화 관련 내용은 영화마케팅의 직간접적인 결과라고 할 수 있다. 영화가 개봉되기 전에 영화에 대한 관심을 최대한 고조시켜 개봉과 동시에 관객들이 영화관으로 몰리게 하기 위해, 영화사들은 광고나 프로모션 외에도 자신들의 영화가 매체에 보도되도록 온갖 홍보수단을 동원하고 있다. 영화관객들이 영화 관람여부를 결정함에 있어 가장 의지하게 되는 잣대는 영화에 대한 광고보다는 미디어에 긍정적으로 보도된 영화비평칼럼이나 영화관련 기사일 것으로 추정된다. 이와 같이 특정 영화에 대한 미디어의 긍정적이면서도 집중적인 보도는 MPR이 성공을 거둘 수 있는 최상의 요인이 되며, 흥행 성공을 위한 최고의 지름길이 될 것이다. 크게 스크린 수, 스타파워와 흥행, 감독의 파워, 소재의 독특성과 신선함에 대해 살펴보고자 한다.

1. 스크린 수

영화를 아무리 잘 만들었다고 해도 이를 개봉해주는 상영관이 없다면 아무런 의미가 없다. 개봉하는 스크린은 관객 수를 제한하는 대표적인 구조적 요인이다. 개봉하는 스크린의 수는 하나의 영화에 관객이 노출될 수 있는 확률을 증가시키므로 인터넷과 같이 상시 접속할 수 있는 미디어와는 달리 상영하고 있는 스크린의 수가 부족하다면 이는 최종적인 소비로 연결되지 못하므로 상영관의 수는 흥행과 직결된 문제라 할 수 있다. 현재 한국 영화계의 화두는 스크린 불평등의 문제 즉 스크린 독과점의 문제이다. 스크린 독과점은 관객의 영화 접근 용이성과 영화 선택에 영향을 미쳐서 곧 영화흥행의 양극화 문제로 이어진다. 이러한 스크린 독과점은 한국영화 미국 영화 가리지 않고 이뤄지고 있다. 원래 스크린 수의 증가에서 비롯된 영화산업 규모의 확대는 상영되는 영화의 수가 늘 것이고. 다양한 영화들이 관객과 만날 기회도 확대될 것이라는 기대가 지배적이었지만 상영관 수의 증가는 오히려 대작들의 위상을 공고하게 하는 문제점을 일으켰다. 대승적 관점에서 한국영화 전체와 미국 영화(수입되는 외국 영화 중, 전 세계적으로 독점적인 흥행력을 지닌 영화들은 미국 영화다)가 한국영화 시장을 어떤 비중으로 양분하고 있는가를 보면 점유율은 한국영화 전체의 성적일 수 있다. 삼성전자와 현대자동차그룹에 다니는 직원들에게는 우리나라의 경제가 호경기이지만, 나머지에서는 우리나라 경제는 여전히 불황인 것이다. 마찬가지로 천만 관객 영화 등 흥행에 성공한 소수의 영화를 만든 제작사에 있어서 한국영화는 호황기이지만, 나머지 대다수 제작사에서는 한국영화 호황기의 성과가 미치지 못하고 있다. 물론 자본주의 사회에서 능력의 차이에 의해서 관객의 사랑을 받는 뛰어난 영화를 만든 경우와 그렇지 않았을 때에 대해서 보상이 영화흥행 성적의 차이로 나타난다고 보면 지금의 상황이 타당하다고 볼 수도 있다. 하지만, 이러한 흥행 양극화가 영화를 개봉하는 스크린 수, 관객이 영화를 접하는 통로인 극장에서 특정 영화의 접근성이 제한되어 발생하는 제도적인 문제는 아닌지에 대한 연구가 필요하고 그러면 공정한 경쟁을 유도할 수 있는 대책이 필요하다.

2. 개봉 시기 및 상영 기간

최근 한국 영화시장에 대해 영화가 극장에서 상영되는 기간이 점차 짧아지고 있고, 개봉일에 많은 수의 상영관을 확보하지 못하거나 개봉 초기 관객 반응이 좋지 못하면 최종 흥행성과도 부정적이라는 의견이 영화 관계자들 사이에서 빈번하게 제기되고 있다. 영화의 흥행을 결정짓는 요소 중 스크린 수도 상당히 큰 비중을 차지하지만. 개봉 시기도 매우 중요하기 때문이라는 생각이 든다. 대다수 영화제작자 및 감독들은 자신들이 힘겹게 만든 영화가 성수기 시즌에 개봉되기를 원한다. 그만큼 성수기인 휴가철이나 명절 연휴는 영화관의 황금 시즌으로 관객이 많이 몰려 실질적인 이익을 가져오기 때문이다. 그 실례로 외국에서 제작된 블록버스터 영화들이나 연말 크리스마스를 겨냥한 분위기 위주의 로맨스 영화들은 대거 이러한 시즌을 표적으로 개봉한다. 개봉일은 대개 나라마다 다른데 프랑스는 수요일에 개봉하고, 독일은 목요일, 미국이나 영국, 스페인 등은 금요일에 개봉하고 우리나라는 대부분 목요일에 많이 개봉하는데 그 이유는 주 5일제의 영향으로 분석된다. 하지만 개봉 시기가 경쟁영화에 따라 조절되는 예도 있는데 국내 영화 사이에서도 한국영화 첫 1.000만 관객 기록한〈실미도〉와 두 번째 1.000만 관객을 모은 〈태극기 휘날리며〉의 경우 개봉 시차를 두었다는 일화는 유명하다. 개봉 시기 못지않게 중요한 것이 바로 상영 기간이라 할 수 있는데 영화사들은 대부분 개봉 첫 주의 규모를 키워서 첫 주에 흥행몰이하려고 한다. 아무래도 시간이 지날수록 관객들은 주된 관심에서 벗어나 아무리 좋은 영화라고 해도 관심 밖에서 밀려나기 때문이다. 미국 영화수입의 배분 계산방식에 따르면 미국에서는 첫째 주에 영화관 상영수입의 80~90%. 둘째 주에 50~60%. 셋째 주에 30~40%가량 배급사가 가져가는데 배급사 차원에서는 개봉 첫 주에 가장 많은 수익을 내는 것이 유리하다. 이에 비해 한국의 경우는 상영기간과 상관없이 고정되어 있어서 기간이 길수록 관객은 줄어들고, 그럴 바에는 다른 신작영화로 교체 하는 것이 이익이기 때문이다. 개봉시기와 상영시기의 구조적인 측면 이외에 마케팅 분야에서는 개봉시기 및 상영시기에 따른 관람시기별 특성과 마케팅 방안에 관심을 갖기도 한다. 이처럼 상영시기와 관련한 마케팅적 접근과 시도들이 이루어지는 것은 영화가 일반 제품과 달리 개봉 초기에는 관객점유율을 유지하지만, 시간이 지나면서 관객이 급감하는 수명주기를 가지고 있기 때문이다.

3. 배급사의 힘

영화 흥행의 구조적인 요인 중 또 다른 하나는 배급사의 힘이라고 할 수 있다. 우리가 영화 상영관에서 관람하는 모든 영화들의 오프닝이나 엔딩크레딧에는 '배급'이라는 소개가 등장한다. 얼핏 들으면 무엇인가를 '공급한다'거나 혹은 '나눈다'는 느낌은 오지만 정확히 영화산업에서 어떤 역할을 하는지 알고 있는 이들은 드물다. 분명한 것은 우리나라 영화 산업에서 '배급'은 곧 영화의 유통을 의미할 정도로 매우 중요한 과정이라는 것이다. 배급이 잘 이뤄져야 좋은 시나리오들이 영화화되고, 궁극적으로 우리의 영화 콘텐츠들이 세계무대에 선보일 수 있는 경쟁력을 갖게 된다. 할리우드는 물론 한국에서도 영화를 시장에서 유통시킬 능력있는 메이저 그룹의 회사들이 전문성을 발휘하여 효율적인 시스템을 구축하고 있다. cj엔터테인먼트 , 쇼박스, 롯데 엔터테인먼트. NEW 등이 주요 배급사들이 있다. 영화에 따라 배급사는 투자 없이 배급 업무만을 하는 경우도 있는데 기본적으로 상기의 업체들은 투자와 배급을 모두 진행하는 '투자/배급사'라고 보면 된다. 이중 CJ의 경우는 제작사와 공동으로 영화 제작기획을 하는 경우가 있었는데, 최근 윤제균 감독이 이끄는 JK필름을 인수하면서 영화 제작역량까지 갖추게 됐다. 배급사들이 할리우드 직배사 못지않게 다량의 작품을 확보하고, 결코 직배사에 뒤지지 않는 배급력과 극장 협상력을 지니고 있다는 점은 매우 고무적이다. 배급사는 수요의 불확실성과 불예측성이 큰 영화산업에서 정보의 매개자 역할을 하여 불확실성을 줄이는 역할을 한다고 볼 수 있다.

업계에서는 배급을 디스트리뷰트(Distribute)라고 표현하기도 한다. 이는 제작사를 통해 만들어진 영화가 상영될 수 있는 스크린을 확보하는 일을 의미한다. 배급사는 영화에 투입된 예산과 BEP(손익분기점)를 계산하고 멀티플렉스 업체들과 조율을 통해 상영관 수를 확보한다. 절대 법칙은 아니지만, 상영관 수는 수익과 정비례한다고 보면 되기 때문에 배급사의 궁극적인 목표는 제작 예산을 넘어서는 수익을 가능한 빠른 시간에 거둘 수 있도록 많은 상영관을 확보하는 것이다. 업계에서는 영화의 상영을 스크린에 '건다'는 표현을 쓰는데 쉽게 말해 이 '거는' 작업을 일선에서 주도하는 업체를 배급사라고 보면 된다. 특히 우리나라의 영화 업계에서는 배급사가 곧 메인 투자자가 되는 경우가 많기 때문에, 다른 나라보다 배급사의 조율과 스크린 확보가 매우 중요하다. 영화 한 편으로 인한 수익은 철저한 자본 투자와 배분의 논리가 적용된다. 이를 통해 영화에 투자했던 메인 투자자들과 벤처캐피탈, 그리고 배급사, 제작사가 돈을 번다. 계산법은 다음과 같다. 관객이 영화 한 편을 보기위한 비용을 1만원으로 가정하면, 10% 세금을 제외한 9000원의 수익이 남는데 이를 멀티플렉스와 배급사가 50%, 즉 4500원씩으로 나눈다. 배급사는 여기서 배급수수료 10~12%, 약 500원을 제하고 나머지 4000원씩을 제작비용에 이를 때가지 적립한다. 이렇게 발생한 수익이 손익분기점을 넘으면,

배급사는 투자사와 제작사에 수익 배분을 시작한다. 투자비용 이상으로 발생하는 수익에 대해서는 투자사가 총 지분투자 비율 × 60%, 제작사가 나머지 40%를 가져가는 것으로 계산된다. 배급사가 메인 투자자일 경우에는 배급수수료와 수익을 동시에 가져가게 된다. 반대로 영화가 수익을 발생시키지 못했을 경우에는 그 손해의 100%를 투자자들이 감당한다. 여기서 제작사들은 수치상으로 손해를 보지는 않지만, 추후의 영화 제작에 있어 투자자들에 대한 제작 제안이 힘들어질 가능성이 있다. 업계에서는 통상적으로 100억 규모의 예산 투입을 가정할 때 관객수 200만 명~250만 명 정도를 손익분기점에 이르는 수준으로 본다.

4. 스타파워와 흥행

유명 연예계인이나 운동선수, 그리고 사회의 저명인사 등 사람들에게 잘 알려진 이른바 '스타'들을 활용해 상품을 제작하거나 홍보하는 스타 마케팅은 이제 특별하고 신기한 일이 아닌 마케팅의 중요한 기법의 하나다. 이러한 스타 마케팅의 본질을 곰곰이 따져 보면 그것은 스타들이 가지고 있는 이른바 '스타 파워'를 상품의 이미지와 자연스럽게 연결시킴으로써 상품의 수요를 촉발하는 방법이다. 스타들은 자신이 활용되는 상품, 즉 자신이 직접 상품의 구성요소로 투입되는 대중문화상품이나 서비스, 그리고 자신이 홍보하는 마케팅 대상물의 시장성을 제고하는데 기여한다. 이를 스타 파워라고 한다. 다시 말해 스타가 출연함으로써 그 스타를 좋아하는 팬들이 그 상품을 수요하게 되고 따라서 어떤 특정 스타의 출연은 다른 외부여건으로 설명될 수 없는 수요를 창출하게 된다. 이러한 스타의 수요 창출력을 그 스타의 고유한 스타 파워라고 할 수 있는 것이다. 장 보드리야르(1991)는 그의 책 〈소비사회〉를 통해 "오늘날 영화스타, 스포츠 및 게임의 스타들과 같은 소비의 영웅들이 사회의 중요한 부분을 차지하고 있다'라고 주장한 바 있다. 최근 들어 제작비가 급격하게 상승하게 된 것은 배우들의 개 런티 때문이라는 목소리가 설득력을 얻고 있다. 미국 할리우드의 경우. 영화감독은 그 자체만으로도 훌륭한 브랜드가 된다. 대표적인 예가 스티븐 스필버그이다. 하지만, 작품의 질은 생각하지 않은 채 단순히 스타에게만 의지하고 영화를 제작한다면 이 또한 바람직한 현상은 아니라고 본다.

5. 감독의 파워와 영화자체의 완성도

영화의 흥행을 결정하는 요소들은 다양하다. 때로는 뛰어난 감독의 명성이 영화에 대한 기대감을 불러일으키기도 한다. 대표적으로 기생충을 만든 봉준호 감독을 비롯하여 '친절한 영애씨'의 박찬욱 감독을 대표로 들 수 있다. 이러한 감독의 파워는 결국 스타급 배우의 캐스팅과는 밀접한 연관성이 있고 이렇게 탄탄한 기반을 가진 배우와 감독이 조화를 이룬다면 투자자 역시 아낌없이 자본금을 투자하여 고품격의 영화를 제작하기가 쉬워지게 된다. 여러 가지 조건이 조화를 이루고 합을 이룬다면 이는 금방 입소문이 퍼져서 일단은 마케팅 효과가 상당히 커진다고 볼 수 있다. 하지만 뭐니뭐니해도 영화자체의 완성도가 높을 때 그 영화는 당연히 흥행가도를 달리게 된다. 바로 대표적인 영화가 〈왕의 남자〉이다. 관객 1.000반 명을 돌파한 이 영화는 당시 스타급 배우나 블록버스터급 제작비도 투입되지 않았고 심지어 스크린 수도 다른 영화에 비해 초라한 255개 관으로 출발했지만 개봉 한 달 만에 전국 397개로 늘어나는 괴력을 발휘하기도 했는데 이는 물건이 좋다면 그 물건은 시장에서 스스로 음직이며 생명력을 갖는다라는 원칙올 확인시킨 대표작이라 할 수 있다. 실제로 〈왕의 남자〉는 순제작비가 41억 원에 마케팅 비용이 25억원이있지만 제품의 완성도가 높았기에 가능했던 것이다.

6. 소재의 독특성과 신선함

역대 한국영화 흥행순위에서 1,000만 명의 고지를 넘은 주요 작품을 살펴보면 〈신과 함께〉, 〈도둑들〉, 〈부산행〉 등 소재가 좀 특이하다는 점이다. 좀비를 다루거나 사후세계를 다루는 한편, 범죄물이나 역사적인 작품들까지 다양한 장르를 통해 관객들의 호기심을 자극했고 이들의 예술적인 면을 충족시켰기에 흥행에 성공했다고 생각한다. 영화산업은 영국의 리처드 케이브스(Richaid. E. Caves.)가 지적한 대로 창조산업(creative industry)의 테두리 속에서 이루어지고 영화는 창작재(creative product)인 만큼 무엇보다 영화를 이끌어나가는 번뜩이는 아이디어와 독특성 그리고 참신함이 있어야 한다. 미디어의 발달로 인해 영화의 소비가 많아지면서 다양한 영화를 접하고 있는 현재의 영화 소비자들에게 고만고만한 종류의 영화들은 매력을 끌 수 없고 퇴보하게 마련인 것이다.

7. 마케팅 활동

최근 몇년간 영화는 가장 쉽게 즐길 수 있는 문화활동이자 가장 거대한 문화산업의 한 분야로 성장했다. 특히 멀티플렉스 영화관들의 등장과 함께 한국 영화계는 급격한 성장을 거듭했다. 물론 코로나로 인해 위축되긴 했지만 영화에 대한 수요는 계속 끊임없이 증가하고 있는 추세임은 부인할 수 없는 사실이다. 더불어 갈수록 영화관에는 많은 수의 영화가 걸리고 빠르게 내려가기를 반복하고 있고 이런 추세는 앞으로 더 가속화 될 것으로 전망된다. 이런 정황속에 영화사와 마케팅사들은 개봉 첫 주의 관객 수에 촉각을 곤두세울 수밖에 없다. 개봉 첫 주에 영화가 많은 관객을 끌어들이지 못하면 자연스럽게 영화는 영화관에서 사라진다. 마케팅의 원리는 간단하다. 수많은 제품 중에 우리의 제품을 돋보이게 만들고 팔리게 만드는 것. 한 주에만 10편 가까이 개봉하는 영화 중에 우리 영화가 살아남기 위해서 필요한 것, 그것이 영화 마케팅이다. 영화 마케팅은 방법에 있어서는 크게 두 종류로 나눌 수 있다. '오프라인 마케팅'과 '온라인 마케팅', 그리고 방식에 있어서 다시 두가지로 나눌 수 있는데 '인하우스 마케팅'과 '에이전시 마케팅'이 있다. 오프라인 마케팅과 온라인 마케팅은 하는 일이 확연히 다르고, 인하우스 마케팅과 에이전시 마케팅은 말 그대로 어디에 소속되어 잇느냐의 차이가 있다. 최근에는 온라인과 모바일의 마케팅적 비중이 급격히 늘어나면서 오프라인 마케팅 보다는 온라인 마케팅에 많은 자금이 투입되고 있다. 인터넷을 넘어 모바일 시대로 관객들의 생활방식은 빠르게 변화하고 있다. 온라인 마케팅은 이런 관객들의 생활에 발맞춰 성장해온 마케팅이다.

영화산업에 대한 단상

첫째, 정보재이자 경험재인 영화는 고위험 산업이자 고수익 산업이다. 정보재이자 경험재란 말은 사용해보기 전까지는 상품의 특성을 알 수 없고 일단 경험한 후에야 이를 평가할 수 있는 재화에 해당되기 때문에 일단 경험인 관람을 하게 되면 더 이상 영화를 2번이나 3번 관람할 사람들은 드물기에 이는 재화로서 거래가치를 상실한 것이라 평가할 수 있다. 그리고 한편으로는 구매자인 관람자는 직접 경험하지 못하기에 자칫 실패할 우려로 인해 쉽사리 영화를 보지 않으려고 하는 경향도 나타나게 된다. 게다가 이러한 영화는 이를 관람하는 관객의 취향에 따라 오롯이 작품을 평가받기 때문에 만일 그 호흡이 잘 맞아떨어지면 고수익 산업으로 엄청난 수익을 얻게 되고 만일 관객의 개인적인 취향과 잘 맞아떨어지지 않으면 오락적인 추구와 잘 맞지 않는다는 이유로 지극히 외면을 당하고 극장에서 순식간에 사라지게 된다. 이렇게 되면 아무리 긴 시간동안 좋은 배우를 기용해 콘텐츠가 좋은 작품성 뛰어난 영화를 제작했다고 해도 그 영화는 흥행에 실패하게 됨으로써 온전히 제작에 소모된 비용적인 손실을 감당하므로 한마디로 말해 고위험 산업이라고 할 수 있다. 관객이 절대적으로 필요로하는 재화가 아닌 단순히 오락성에 입각하여 평가받기 때문에 더더욱 사행성 산업이라고 해도 과언이 아니다.

둘째, 영화콘텐츠는 여러 통로를 거쳐 다양하게 소비될 수 있다. 일단 영화를 제작해두면 설령 극장에서는 흥행에 실패했다고 하지만 다양한 형태인 텔레비전이나 케이블, 비디어 등으로 무한하게 관객을 만날 기회는 있다. 그래서 해마다 추석이나 설날이 되면 방송을 타는 영화가 있는가 하면 또한 케이블만 켜면 소개되는 영화도 있다. 이러한 측면을 고려하면 영화콘텐츠는 일단 만들기는 쉽지 않지만 만들어두면 언제든지 다른 형태로 복사가 가능하기 때문에 이러한 측면에서는 소비적인 효과는 높다고 평가할 수 있다.

셋째, 영화는 정보재이기에 다른 상품에 비해 수명이 짧다. 이로 인해 한 영화의 성공여부가 다른 상품에 비해 빠른 시간 내 결정되며 이로 인해 수요가 블확실함에도 불구하고 일단 흥행에 성공만하면 투자자본의 회수가 빠르다. 한편 영화는 특정영화를 극장에서 반복적으로 소비를 할 가능성이 컸고 극장에서의 소비가 끝나도 다른 매체 즉 비디오 또는 TV를 반복할 수도 있으나 이러한 소비의 반복성이 나타날 확률은 그리 높은 편은 아니다. 영화는 보통 기획부터 시작해서 배우들 캐스팅, 영화 시놉시스제작부터 크랭크인해서 촬영을 마치고 편집에 이르기까지 상당기간 소모되는 대규모 작품이라 할 수 있다. 짧게는 몇 달부터 경우에 따라서는 몇 년에 이르기까지 한 작품을 완성하는데 상당한 시간은 물론 금전적인 비용까지 엄청난 인고의 노력을 필요로 하는데 막상 나라의 상황이나 세계의 경제적 분위기를 비롯하여 각종 외부적인 요인으로 개봉도 못한 채 사라지는 영화도 허다하며 설령 흥행에 성공한다고 해도 차기작들이 물밀듯 들어오게 되면 설령 개봉작이라고 해도 그 수명을 보장받기가 쉽지 않다. 이런 측면에서 보면 영화는 일종의 정보재이므로 상품의 수명이 짧다고 평가할 수 있다. 영화상품은 전형적인 정보재에 해당되며 먹을 수도 없고 그렇다고 입을 수도 없이 오롯이 눈과 귀로서만 인지하는 무형의 재화로 지적재산물에 해당된다. 관객들은 오롯이 영화라는 매체 안에 담겨진 콘텐츠로 평가를 내리게 된다. 그래서 영화비로 지불하는 관람료는 대체로 영화콘텐츠를 즐긴 댓가라고 할 수 있다. 이러한 정보재는 자체의 경제적 속성으로 인해 시장거래에 많은 어려움이 산재한다.

넷째, 영화는 스타에 대한 의존도가 높다. 물론 다른 형태의 상품도 마찬가지겠지만 영화는 일단 주인공이 등장해서 행위를 해야 하고 이를 통해 관객들은 카타르시스를 느끼게 되므로 제작자와 투자자는 특히나 더 스타성이 있는 영화배우를 섭외하고자 노력한다. 물론 지나치게 스타성만 의존하고 작품성 자체에는 신경을 쓰지 않으면 영화는 흥행에 성공하지 못하게 된다. 반면 다소 낮은 인지도를 가진 배우라 하더라도 작품성이 뛰어나서 사람들에게 입소문이 잘나서 장안의 화제가 되고 SNS 이슈몰이나 여론몰이에 성공하게 되면 그 영화는 결국 상품성이 뛰어난 것으로 사람들에게 주목받게 된다.

마지막으로 영화는 생산과 관리가 이원화되어 관리되는 상품이다. 영화를 제작하는 제작자는 물론 이를 디스트리뷰트하는 배급자가 서로 보완해서 한마음을 이룰 때 영화는 흥행에 성공하게 된다. 아무리 좋은 영화를 만들었다고 해도 이를 상영할 극장을 잘 못구하거나 상영시기를 잘 조절하지 못한다면 결코 흥행에 성공하지 못한다. 아울러 아무리 좋은 영화라고 해도 입소문이 나지 않으면 절대로 관객들은 영화를 찾지 않게 된다. 이로 인해 다양한 마케팅 기법을 활용해서 영활를 프로모션해야 이를 다수의 관객이 즐기면서 볼 수 있는 것이다. 인스타나 페이스북은 물론 홍보를 가장한 뉴스형태의 보도자료를 통해 사람들의 관심과 시선을 자연스럽게 끌어야 그 영화는 일단 성공의 길에 접어들게 된다.

우선 영화 PPL이 무엇인지 그 의미부터 규정하고 시작하는 것이 좋을 것 같다. 이는 쉽게 얘기해서 간접광고라고 할 수 있으며 'Product Placement'의 약자로 통용된다. 임베디드 마케팅이라고 할 수 있으며 좁게는 방송 프로그램 속에 마케팅을 위해 등장하는 상품 자체를 의미한다. 의 소품으로 등장하는 상품을 말한다. 포괄적으로 말해서 PPL은 협찬이 아닌 대부분 유료로 지불되어 광고되는 간접광고를 모두 의미한다고 할 수 있다. 드라마를 보다 보면 갑자기 주인공이 몸이 허약하다며 음료를 마시거나 또는 마사지기구를 이용한다거나 아니면 유명한 프렌차이즈에서 PT를 받는 것을 보면 처음에는 다소 의아하기도 하지만 이제는 소비자인 시청자들도 광고에 익숙해져 그러려니 하고 받아들이게 된다. 제품은 물론 어떤 특정장소를 비롯하여 협찬되는 이미지에 익숙해져서 시청자들도 자연스레 몰입하여 이에 대한 구매로 이어지면 결국 성공하게 되는 것이다.

물론 이러한 PPL도 초기에는 단순히 영화나 방송에 소품을 배치하는 정도의 의미로 사용되었지만 최근에는 이러한 PPL이 기대 이상으로 성공함에 따라 아예 드라마 사이에 광고하는 대신에 드라마 자체에 광고를 삽입하여 홍보효과를 노리고 있는 것이다. 이러한 PPL은 사실 드라마에 나오는 남자나 여자 주인공이 해당업체의 이사나 본부장 나아가 회장이라면 상당히 좋은 이미지로 시청자들에게 각인되어 곧장 제품을 구매하는 효과나 기업이미지를 쇄신하는 좋은 홍보수단으로 작용된다. 무엇보다 의도적인 광고르 통해서 일방적으로 이미지를 전달하는 것이 아니라 드라마 내에서 자연스레 홍보를 함으로써 비용절감은 물론 브랜드인지상승에 커다란 효과를 거두게 된다. 일례로 현대자동차나 기아자동차를 만일 세계적인 거장인 스필버그가 자신의 영화에 메인으로 등장시켜 탄다고 생각하면 그 효과는 가히 천문학적일 것이다.

하지만, 단점 역시 존재하게 되는데 간혹 시청자들의 눈살을 찌푸리게 만드는 것은 전혀 극의 전개나 내용과는 상관없이 주인공이 관련제품을 사용한다거나 마시거나 함으로써 오히려 극의 자연스런 전개를 방해함은 물론 기존에 기업이 추구하고자 했던 브랜드 홍보효과와는 전혀 다른 방향으로 흘러감으로써 오히려 소비자의 반감을 살 수 있다는 단점이 있다. 최근에는 이런 반감이 단순히 드라마 흐름을 흩트리는 것은 물론 아예 불매운동까지 전개함으로써 차라리 PPL을 하지 않았다면 하는 생각이 드는 경우도 있다. 또 지나치게 드라마 상류층 주인공이 고가의 제품을 홍보함으로써 시청자에게 위화감을 조장함은 물론 경우에 따라서는 가시적인 마케팅을 달성하고자 이를 촉진시켜 소비자로 하여금 원치 않는 제품마저 충동구매하게 함으로써 비난을 받는 경우도 있기에 신중한 PPL이 요구된다. 아무리 좋은 제품이라도 사실 홍보가 되지 않으면 전혀 소비자에게 전달이 되지 않으므로 일단 방송을 통해 시청자인 소비자들에게 제품홍보를 하는 것은 좋다. 하지만, 드라마나 영화를 통해 만일 그 제품을 알리고자 한다면 가장 중요한 것이 개연성이 있도록 시놉시스를 구성하고나서 자연스레 그 제품을 주인공이 착용하거나 사용하거나 이용한다면 보다 그 효과는 높아지리라고 생각한다. 가장 중요한 점은 드라마나 영화의 내용에 자연스레 빠져들어갈 수 있도록 PPL을 담당하는 분들은 면밀하고도 세심한 배려를 기울일 필요가 있다고 생각한다.

아무리 좋은 영화를 제작해도 이를 볼 관객이 없다면 아무런 의미가 없다. 이로 인해 영화제작자 및 투자자는 영화마케팅에 심혈을 기울이게 되는데 이러한 마케팅믹스의 4요소는 크게 서비스(product), 판매장소(place), 가격(price), 판매촉진의 형태(promotion)이다. 마케팅은 원래 기업경영에서 많이 사용하는 용어인데 영화 역시 마케팅이 현대에 들어서 더더욱 중차대해진만큼 이에 대해 살펴보는 것은 의의가 있다고 생각한다. 우선 영화자체인 상품인 product가 있다. 그리고 관객들이 제작된 영화를 관람하는 것에 대한 가격인 price가 있다. 그리고 이렇게 잘 제작된 영화를 상영할 장소인 place가 필요하다. 그리고 이를 널리 알리고 홍보하기 위한 광고홍보전략인 퍼블리시티, 광고, 판촉의 promotion) 이 있다.

우선 product를 살펴보기로 하자. 이는 말 그대로 영화로 봤을 때는 영화자체의 상품을 의미한다. 영화가 얼마나 흥행에 성공하느냐는 가장 우선적으로 그 작품이 가지고 있는 신선함과 창의적인 측면에서 장래 관람객의 흥미를 끌어야 관객들을 극장으로 모을 수가 있는 것이다. 최근 들어서는 다양한 소재의 작품이 흥행에 성공하는데 좀비를 비롯해서 3차원 세계를 다룬 형이상학적인 세계에 대한 동경 등 미래세계와 사후세계에 대한 미지의 영역도 관심을 끌고 있다. prodect의 요소에는 배우가 출연한 댓가로 지불받는 개런티와 캐스팅이 해당된다. 일명 스타마케팅으로 인해 출연배우는 늘 화제가 되고 있다. 이어 내용적인 요소로서 시놉시스와 시나리오가 있고 나아가 런닝타임, 감독, 프로듀서의 역할이 중요하게 작용한다.

그 다음 요인으로 장소인 place를 들 수 있다. 어디를 선정하느냐에 따라서 아무래도 관객의 수는 영향을 받게 마련이며 최근에는 우리나라의 경우 CGV나 롯데시네마, 그리고 메가박스 등 대형 상영관에서 거의 모든 영화를 개봉하고 있는 추세이다. 사실 유통이라 함은 영화가 관객에게 전달되기 위해 수반되는 모든 과정을 통칭한다고 파악할 수 있다. 판매자인 제작자는 최적인 장소를 선점함으로써 자신이 제작한 영화를 고객인 관람객이 최대한 잘 관람할 수 있도록 마케팅 방법과 장소인 극장을 결정해야 한다. 전문적으로 말하면 제작된 영화를 공급하는 업체와의 조율을 통해서 이러한 영화가 잘 상영되도록 노력해야 하며 이와 관련하여 물적 유통관리적인 측면에서는 주문처리부터 시작하여 수송에 이르까지 모든 의사결정을 진행하고 결정해야 한다.

그 다음은 가격인 price가 있다. 이는 아무래도 관람객의 주머니를 고려한 정책으로 지나치게 단가가 높을 경우 학생층은 상당히 부담을 갖게 마련이므로 적절한 범위의 관람료를 책정하기 위한 정책이 필요하다. 최근 코로나로 인해 관람료가 상승하여 관람객들은 또 한차례 부담을 느끼기도 하는데 제작자나 상영관 입장으로서는 아무래도 기존에 비해 대규모의 관람객을 동원할 수 없으므로 궁여지책으로 관람료를 상승시킨 것 같다. 이러한 가격은 영화로 분석하면 영화를 만들기 위해 캐스팅한 배우에게 지불한 금액부터 시작해서 영화를 제작하는데 고생한 감독을 비롯한 작가와 스텝들의 수고에 대한 비용, 장소를 빌렸다면 이에 대한 로케촬영비용이 다 포함된 것으로 가격을 설정함에 있어서는 단순히 자신들이 투입한 금액은 물론 상대 경쟁사들과의 가격을 고려하여 합리적인 선상에서 결정되어야 한다. 그리고 이 영화 가격은 마케팅에 들어간 비용까지 고려하여 책정되므로 경우에 따라서는 설령 일순간 손해를 보더라도 조조할인이나 미리 예매를 상당기간 일찍한 경우에 한해 엄청난 혜택을 줌으로써 장래 관람객을 확보하고자 노력하기도 한다.

마지막으로 판매촉진을 위한 promotion을 들 수 있는데 이는 대펴적으로 영화를 홍보하기 위한 대대적인 광고를 들 수 있다. 이는 퍼블리시티에 해당되며 영화에 대한 평가를 내리는 평점제도나 영화를 단순히 광고가 아닌 뉴스화하여 관람객의 입소문을 조기에 유도하는 일종의 마케팅 기법이 이에 해당된다. 전통적으로는 지하철이나 인터넷, 그리고 tv매체를 활용해서 영화를 홍보하는 것이 이에 해당되며 MPR을 통한 마케팅도 여기에 포함된다. 특히 이 경우에는 제3자에 해당되는 신문을 비롯한 다양한 매체를 통해 경우에 따라 뉴스나 논설 형태로 다루어짐으로써 장래 고객층인 관람객에게 무한한 신뢰를 주는 장점의 역할을 담당하기도 한다.

영화에 미치는 흥행 요인을 살펴보면 다음과 같다. 스크린 수, 개봉시기 및 상영기간, 배급사의 힘, 스타파워와 흥행, 감독의 파워와 영화자체의 완성도, 소재의 독특성과 신선함에 대해 간략히 살펴보고자 한다. 우선, 스크린 수를 살펴보면 스크린 수가 많을수록 영화가 노출될 가능성이 높으므로 최대한 상영관을 많이 늘리는게 중요하다. 사실 스크린 독과점은 관객의 영화 접근 용이성과 영화 선택에 영향을 미쳐서 곧 영화 흥행의 양극화 문제로 이어진다. 따라서 흥행 양극화가 영화를 개봉하는 스크린 수, 관객이 영화를 접하는 통로인 극장에서 특정영화의 접근성이 제한되어 발생하는 제도적인 문제는 아닌지 이에 대한 면밀한 검토가 필요하면 공정한 경쟁을 유도할 수 있는 대책이 절실히 요구된다.

그 다음은 게봉시기 및 상영기간을 들 수 있다. 영화의 흥행을 결정짓는 요소 중 스크린 수도 상당히 큰 비중을 차지하지만. 개봉시기도 매우 중요해서 대다수의 영화제작자들 및 감독들은 추석과 설을 비롯한 성수기에 개봉되기를 희망한다. 또한, 개봉시기와 상영시기의 구조적인 측면 이외에 마케팅 분야에서는 개봉시기 및 상영시기에 따른 관람시기별 특성과 마케팅 방안에 관심을 갖기도 한다.

그 다음은 배급사의 힘을 들 수 있다. 영화 산업에서 '배급'은 곧 영화의 유통을 의미하기에 배급이 잘 이뤄져야 좋은 시나리오들이 영화화되고, 궁극적으로 우리의 영화 콘텐츠들이 세계무대에 선보일 수 있는 경쟁력을 갖게 된다. 영화업계에서는 이를 두고 디스트리뷰트라고 명명하는데 결국은 이러한 제작자가 만든 영화를 상영할 수 있는 스크린 확보가 중차대한 가늠자가 된다. 업계에서는 통상 100억 규모의 예산 투입을 가정할 때 관객수 200만 명~250만 명 정도를 손익분기점에 이르는 수준으로 예측하고 있는 실정이다.

스타파워와 흥행은 상당히 밀접한 관계를 맺고 있다. 사실 대한민국 영화가 한 때는 지나치게 출연배우들의 개런티가 높아서 아예 제작을 못할 정도라는 비판이 쏟아지자 일부 지각있는 연예인들은 아예 배우개런티를 흥행에 따라 받기로 약속한 적도 있다. 이처럼 흥행있는 유명 스타들은 스타 파워를 통해 시장성에 있어서 흥행을 가늠하게 된다. 또한 배우에 못지 않게 감독들도 어느 정도 흥행에 기여를 하기도 한다.

그렇다고 작품의 콘텐츠는 고려하지 않은 채 오로지 스타성만 의존하여 영화를 제작하면 결국 관객들의 외면을 피하기 힘들게 된다. 그래서 나오는 말이 결국 역량있는 감독파워와 영화자체의 완성도를 꼽기 시작한다. 봉준호 감독의 기생충은 두말이 필요없는 영화이다. 또한 왕의 남자도 이런 측면에서는 감독과 영화자체의 콘텐츠 및 완성도가 크게 성공한 사례라고 할 수 있다. 왜 이렇게 성공했는지 살펴보면 모두 기존의 남녀관계의 천편일률적인 사랑에서 탈피하여 소재를 독특하고 신선하게 이끌어냈기 때문이다. 최근 방영된 '파친코' 역시 일제 강점기 시대를 겪은 한 여인의 삶을 파노라마의 대하서사시처럼 펼쳐내어 성공했으며 오징어 역시 그런 측면에서는 소재의 신선함을 들 수 있다.

이처럼 영화는 다양한 계층의 관객들을 대상으로 독창성있게 만들어져야 하는 창조물이므로 이에 심도있는 연구가 절대적으로 필요한 영역이라고 생각한다. 아울러 천만명의 흥행을 올린 신과 함께나 도둑들, 부산행 역시 소재가 좀비와 같은 것부터 시작해서 사후세계, 나아가 약간은 특이한 르노와르 형태의 범죄물을 통해 관객들의 호기심을 자극했기에 성공했다고 생각한다. 이렇게 좋은 영화를 만들었다면 그 다음은 당연히 활발한 마케팅활동을 벌여야 한다. 예전에는 주로 영화찌라시를 돌려서 홍보했지만 최근에는 약간은 언론에 보도자료를 뿌려 자연스럽게 영화를 알리는 기법을 많이 택하고 있다. 그리고 다양한 SNS 활동을 통해 입소문을 퍼트려 장래 관객들의 호기슴을 자아내는 기법을 선택하고 있다. 결국 온라인과 오프라인 활동을 같이 병행하게 되는데 예전에는 주로 지하철이나 극장가 앞에서 오프라인 형태로 홍보를 했다면 요즘은 거의 인스타나 페이스북, 그리고 네이버와 다음과 같은 매체를 통해 홍보를 한다. 아울러 예전의 신문에 광고를 하던 그 시절을 떠올리면 요즘 마케팅은 정말 상전벽해를 떠올릴 정도로 최첨단 기법에 의한 것임을 알 수 있고 또한 다양한 계층이 유튜브를 통해 관심있는 영화장르를 선택해서 클릭만 해도 같은 장르와 종류의 알고리즘형성으로 인해 다양한 영화가 팝업창을 통해 자연스럽게 연결되는 구조이다. .

'헝거게임-모킹제이'가 우리나라에서 흥행에 실패한 이유를 살펴보면 다음과 같다. 이는 한국인 내면에 뿌리박힌 아무래도 문화적인 차이점이 크게 작용하지 않았나 그런 생각이 든다. 한국인들은 아무리 세상이 바뀌었다고 해도 아직까지도 내면에 자리잡힌 생각은 여전사에 대한 약간 아니 어쩌면 강한 반발심이 크게 작용한 것 같다. 기존 우리나라에서 전사 내지 장군이라고 하면 거의 남성 위주의 이순신 장군이나 을지문덕 장군, 강감찬 장군이 대부분이었다. 그래서 알게 모르게 장군 내지 전사에 대한 선입견이 어느 정도 자리잡지 않았나 그런 생각이 든다. 물론 가장 큰 이유는 영화자체의 파워가 없었다는 점도 크게 작용한다. 가장 중요한 것은 바로 콘텐츠인데 콘텐츠 자체가 약하고 영화에서 보여주는 액션신이 전편에 비해 그다지 화려하지 않기 때문에 지루할 수 있다는 맹점이 존재한다. 아무래도 정치적 담화를 유발시킬 수 있는 할리우드식의 블록버스터인데 이러한 무거운 느낌이 아무래도 거부를 하게 만드는 중요한 요인으로 작용하는 것 같다. 경우에 따라서는 주연배우인 제니퍼 로렌스에 대한 대중적 인지도가 너무 낮거나 약해서 그런 것이 아닌가 호사가들이 말을 하지만 알고보면 이 배우 역시 '엑스맨: 데이즈 오브 퓨처 패스트'를 통해서 국내에 어느 정도 팬을 확보했기에 인지도 측면에서는 부족한 면이 없지 않나 그런 생각이 든다.

전체적인 측면을 고려하면 본 영화의 경우는 한국인들이 가장 중요시하게 생각하는 정서적인 측면에서 공감대를 전혀 형성하지 못했다는 안타까운 면이 있다. 아직까지도 우리나라 사람들에게는 어느 정도의 체루성이나 가족간의 정을 느끼게 만드는 요인이 크게 작용한다. 아니면 가족끼리 그냥 부담없이 웃고 즐기며 신나게 스트레스를 해소할 수 있는 액션이나 유머 코드가 있어야 하고 그 중심에는 아무래도 남성들이 주인공으로 등장하여 시원하게 문제를 해결하는 코드가 깃들여져야 하는데 그런 면이 아쉽다. 한국에서도 고작 여자 영웅이라고 해봐야 박씨부인이 영웅담으로 남아 있는 정도이니 이러한 헝거게임이 한국인의 정서적인 측면을 공략하기에는 부족하지 않았나 그런 생각이 든다. 개인적인 바람이 있다면 이러한 여주인공 헤로인을 모티브로 한 영화가 한국에서도 좀더 제작되어진다면 남성위주의 천편일률적인 영화계 트렌드에서 좀더 다양한 장르의 한국영화가 탄생하지 않을까 그런 생각이 들었다.

시사 논평

아름다운 삶-전장연의 시위

최근 전장연의 지하철 시위는 사회적으로 많은 파장을 일으켰다. 이에 대한 시민들의 찬반 논쟁이 연일 끊이지 않는 가운데, 이번 전장연의 시위를 어떻게 이해할지 그렇다면 한국사회의 인권증진을 위한 어떠한 노력들이 필요한지 구체적으로 모색함으로써 그 의의를 찾고자 다음 글을 쓰게 된다.

1. 우리 안의 타자들 : 소수자 차별의 원인과 문제들

소수자 차별의 원인과 문제들을 파악하기 위해 우선 소수자 의미를 명확히 규명할 필요가 있다. 그리고 이에 대한 원인과 문제점들을 면밀히 분석해야 한다. 소수라는 말은 적다는 표현이 맞지만 소수자라는 말은 단순히 숫자가 적음을 의미한다기보다는 사회에서 소외되고 도태시 되다시피한 사람을 의미한다. 소수자는 사회구성체의 정치·사회·경제·문화의 제반 영역에서 인종, 성, 경제적 능력, 사상이나 도덕, 기타 이유로 지배적 가치와 상이한 입장에 놓인 사람들 그리고 문화적, 신체적 특징 등 어떤 속성적 이유를 근거로 사회로부터 멸시받거나 배제되어 사회적·정치적·경제적으로 약한 지위에 놓이고 부정적 차별적 대우를 받는 집단이나 한 국가 내에서 수적으로 절대적으로 열세한 소수집단이면서 지배적이지 못한 위치에 있는 소수집단의 구성원으로 정의된다. 그런데, 소수자 개념의 정의에서는 특히 핵심요소로 사회 내 권력의 크기나 영향력을 언급할 수 있다. 사회에서의 영향력 또는 공적 무대에서 발언하고 인정받을 수 있는 지위가 현저히 취약하거나 영향력이나 지위를 얻을 수 없는 상태인지가 결정짓는다. 사회 내 권력의 열세나 낮은 영향력은 소수자의 개념을 수적 의미에 한정되게 하는 것이 아닌 질적 의미로 인식하게 한다.

그리고 이를 차별의 차원에서 접근해야 한다. 헌법적으로 유의미한 소수자의 개념을 도출해보면, 주요 내용은 다음과 같다. 우선, 소수자는 사회공동체에서 보편성과 '다른 특성이나 속성'으로 인해 정치·사회·문화·경제적인 측면에서 사회 내 공적 영향력이나 지위가 '열세한' 소수의 집단이다. 하지만, 수적인 개념이나 다른 속성이 소수자 집단을 결정짓는 필수적 요인은 아니며, 질적 권력의 차이가 중요한 요인이 된다. 둘째, 소수자는 부정적인 맥락에서 공동체 내에서 구분되어지거나 차별대우를 받으므로 권리에 대한 헌법적 보호가 필요한 집단이다. 셋째, 소수자는 대상이 고정된 집단이 아니라 다양한 집단이 포함되거나 확장될 수 있는 열린 개념이다. 소수자 문제의 핵심은 차별로써 차별이 존재하는 모든 경우에 예외 없이 소수자가 존재하기 때문에 구체적이고 개별적으로 새롭게 등장할 수 있는 다양한 소수자 집단이 보호의 범주에서 배제되지 않기 위해서는 소수자 개념을 엄밀하게 정의하는 것보다 개방적인 개념으로 열어두어야 한다. 소수자에 대한 차별의 원인은 우선 기존에 확립된 편견이 크게 자리잡았다고 생각한다. 학교를 비롯한 사회조직에서 오롯이 일방적인 사고방식만 옳다고 교육을 받았기 때문에 기존의 관념이나 사고방식과 부합하지 않는 다른 형태의 양상들에 대해서는 무조건 다름을 인정하는 것이 아니라 틀렸다는 접근법으로 지금까지 사회문제를 해결하고자 노력했기에 지금에 이르러 이러한 편향적인 사고방식의 한계가 드러나는 것이다. 나와 다르다고 해서 결단코 잘못된 것은 아니다. 이들을 다각도로 이해하고 사회를 같이 살아가는 일원으로 받아들이는 노력이 절실하다고 생각한다.

사회학적 설명으로 보면 왜 현재 우리사회가 심각한 차별의 문제가 발생하는지 단번에 알 수 있다. 우선은 기존부터 이어온 성공에 대한 관념을 논의해볼 때, 무조건 일류대인 SKY를 진학해야 한다는 일종의 학교에서부터 이루어진 사회화의 잣대로 인해 그러한 관념 속에서 사회가 옳다고 생각하는 범주대로 교육된 것이 사실이다. 그리고 당연히 이러한 편향된 사고는 가정과 학교, 나아가 사회에서까지 1등만을 추구하는 세상을 만든 것이 사실이다. 그리고 그러한 범주에 들어가지 않는 이들을 마치 사회에서 도태된 사람으로 묘사하여 이러한 관계 속에서 편견과 고정관념을 학습하여 확고한 자신만의 왜곡된 가치관을 형성하게 된다. 이러한 차별을 당하는 소수자를 위해 사회가 노력하고 있다. 어쩌면 사회적 약자보다 더 낙인된 소수자를 위해 소수자 할당 제도를 실시하는데 이는 또 자신을 정상인 범주에서 바라보는 이들에게는 또 다른 차별이 된다고 주장한다. 왜 그들에게만 특혜를 주는지 도무지 이해할 수 없다는 견해이다. 아마 공정이라는 차원에서 생각하면 이 또한 또 다른 불공정이며 역차별이라는 견해에서 이러한 의견이 제시되고 있다. 민주주의는 아무래도 최대 다수의 행복이라는 캐치프레이즈 하에 다수결 원칙을 준수하고자 한다. 그러므로 다수라는 미명하에 소수자의 의견은 개진되거나 반영되기 쉽지 않으며 이러한 수적 열세에 있는 상황에서 소수자 의견은 도외시된다. 결국 다수결 원칙을 내세우는 가운데 다른 한편에서는 소수자 존재 자체를 민주주의 시스템을 통해 철저히 배제하는 것은 아닌가 그런 생각이 든다.

인권이란 말 그대로 인간으로서 누려야 할 존엄성 자체이다. 인간이므로 당연히 천부인권을 갖는다. 누구나 인간이기에 가치가 있고 존중받아야 하며 어떠한 차별이나 편견 없이 평등하게 대우받아야 한다. 그리고 이러한 인권에 대해 쌍방 간의 존중이라는 기본 개념이 전제되어 유기적인 관계가 만들어져야 한다. 인권에 대해 이론적 측면과 현실적 측면에서 고려해볼 수 있는데, 우선 인권을 헌법에 보장된 권리 차원에서 살펴보는 것이다. 이러한 인권은 누가 책임져야 하며 어디까지 보장해야 할지 범위적 문제를 고려할 수 있다. 그리고 만일 각자의 인권이라고 주장하는 가운데 문제가 발생한다면 이를 해결할 수 있는 장치는 무엇이며 그리고 막무가내로 인권을 주장하는 경우 과연 이마저도 인권으로 인정해줄 수 있느냐의 문제가 발생한다.

인권에 대한 이론적 쟁점과 현실적 쟁점이 논의될 수 있는데, 우선 인권은 헌법에 규정된 권리와 같은 의미로 해석될 수 있는지에 대한 여부이다. 또한 인권을 보장하는 책임은 누구에게 있으며, 인권에 포함된 권리에는 무엇이 존재하는지 범위문제가 제기될 수 있다. 그리고 다양한 권리가 충돌할 경우 어떻게 해소할 수 있는지도 문제이다. 마지막으로 인권이 있으면 무조건 권리를 주장할 수 있는가에 대한 문제도 제기된다. 한국 인권의 발전을 살펴보면 다음과 같다. 요즘은 국경일이 아니지만, 예전에는 7월 17일은 제헌절로 헌법이 명문화된 날로 기념했다. 1948년이니 벌써 횟수로는 64년째가 되고 있다. 헌법에서는 대한민국이 갖는 기본권을 크게 평등권, 자유권, 참정권, 청구권, 사회권으로 나누고 있다. 우리나라는 세계 유례없는 남북분단의 아픈 역사를 가진 6.25 전쟁으로 유엔을 통해 인권 차원에서 구호받았고 이를 통해 진정한 인권이 무엇인지 알게 되었다. 이후 갖가지 정치 역동의 세월을 견디며 특히 1970년에는 독재정치라는 초유의 아픈 역사 앞에 모든 이들이 민주주의를 수호하기 위해 고군분투했고 이를 억압하는 정치 탄압이 시작되었다. 물론 다양한 노력이 있었지만, 그 와중에 또 슬픈 역사도 얼룩졌고 이러한 혼돈과 암흑의 시간을 거쳐 드디어 2001년에는 독립 국가기구인 국가인권위원회가 설립되기도 했다. 물론 이마저도 때로는 정치 색깔 논쟁이 불거지기도 하지만 국가인권위원회가 설립되었다는 것은 대한민국 민주주의 역사상 고무적인 일이다. 2016년 유엔자유권규약위원회가 발표한 대한민국의 심각한 인권문제는 다음과 같다. 말로는 국가인권위원회의 독립성이 인정된다고 했지만, 실질적으로 이러한 독립성을 인정할만한 법적 장치가 그 어디에도 마련되어 있지 않다, 그리고 최근 화두가 된 장애인 지하철 논쟁에서도 알 수 있듯이 이러한 소수자 차별을 금지할 수 있는 포괄적인 제도가 전혀 마련되어 있지 않다. 그리고, 한국 사회에 기존에 팽배하게 자리 잡은 여성에 대한 개념과 인권 자체가 전혀 새로운 시각으로 마련되어 있지 않은 가운데 일부 개선되기는 했지만, 여전히 여성에 대한 고정관념이 토착화되어 여성차별을 제재할 수 있는 제도가 마련되어 있지 않다. 아울러 가정폭력으로 시달리는 여성을 제도적으로 구제하고자 노력은 하지만 아직 미흡한 실정에서 여성은 가정폭력에 시달리고 있다. 한국인의 자살률은 전 세계 1위를 달릴 정도로 심각하지만 이를 해결할만한 사회적 구조적 차원의 방지대책과 기구가 마련되어 있지 않다.

인권 보호에 대해 다각도 분석이 필요한데, 가장 시급한 문제는 인권 보호를 위한 법과 제도의 정비이다. 그런데, 안타깝게도 국민 인권을 책임져야 할 국가나 지방자치단체가 과연 이에 대해 최선을 다하는지 고심해볼 필요가 있는데, 이러한 상황에서 인권의 정작 해당자인 국민스스로 인권을 찾는 과정에서 지레짐작 너무 지쳐서 아예 포기하고 마는 것이다. 이는 제도적인 문제도 있지만, 인권을 유지하고 보호하기 위한 사회구조가 마련되어 있지 않아 전혀 인권이 보호될 수 없음을 의미한다.

전자에 언급했듯이, 최근 전장연의 시위가 연일 보도되면서 이목을 끌고 있다. 사실 역사를 거슬러 올라가 보면 전국장애인차별철폐연대는 2001년 1월, 오이도역에서 장애인 리프트가 추락하면서 장애인 이동권을 위해 시위를 요구해오고 있다. 따지고 보면 이러한 이동권은 어쩌면 당연히 이루어져야 했지만 현실적인 장치는 그렇게 만족스럽지 않았다. 국토부와 정부의 미온적 태도에 인내할 수 없었던 전장연이 지하철 시위를 진행한 것이다. 이들이 요구는 어쩌면 가장 간단한 인권에 해당하는지도 모른다. 장애인 이동권을 보장함과 동시에 교육권과 노동권, 탈시설 권리를 위한 예산을 확보하는 데 주안점을 두었다.

휠체어 승하차 시위는 2021년 11월, 5호선에서 기습적으로 시작되었고 이로 인해 출근 지하철이 40분간 지연되면서 많은 사람의 원성을 샀다. 출근길 시민은 불편함을 강하게 호소했고 이에 전장연 대표는 자신도 비장애인처럼 일상적인 삶을 살고 싶다고 간절한 바람을 피력했다. 자신의 의견을 관철하기 위해 무고한 시민의 발을 볼모로 의견을 표출하는 것이 과연 옳은지에 대해 많은 논란이 제기되었다. 이후 다시 시위를 이어갈 것이라고 하자 서울교통공사는 아예 역으로의 진입 엘리베이터를 폐쇄하기도 했다. 아울러 이러한 횡포로 인해 서울교통공사는 민원은 물론 피해를 봤다면서 소송을 하기에 이른다. 시위가 장기 지속하면서 대통령직 인수위원회는 답신을 주겠다고 했고 이로 인해 일단락 지어지는 것 같았지만 답변을 기다릴 수 없다고 판단한 이들은 다시 삭발투쟁으로 자신의 의견을 관철하고자 했다. 그리고, 비록 인수위가 계획을 발표했지만, 자신의 요구와 기대치에 미치지 못한다며 전장연은 다시 출근길 시위를 지속했다. 처음에는 그나마 의견을 동조한 사람도 장기간 지속된 파행으로 등을 돌리고 있으며 과연 민주주의에서 이렇게 권익을 대변하기 위해 무고한 시민을 볼모로 지속적인 시위를 이어가는 게 어느 정도 용인되고 용납될 수 있는지 많은 의문점이 제기된다.

2. 시위에 대한 이해

그렇다면 민주주의와 소수자의 권익을 옹호한다는 차원에서 이러한 시위를 바라보면 어떨지 이에 대해 살펴보고자 한다. 민주주의는 최대 다수의 최대행복이라는 나름 합리적인 시스템과 제도하에서 모든 일을 원만하게 이루고자 노력한다는 취지는 당연히 높이 평가할만하다. 하지만, 다른 한편 다수주의가 주는 독재라는 허점을 간과할 수 없다. 우리나라에서 장애인은 현재 5% 남짓 되는 상황인데 그 많은 국고를 써야 하는 것에 대해 95%의 반발이 만만치 않다. 그리고, 모든 행정이 다수를 중심으로 이루어지다 보니 아무래도 소수의 의견은 뭉개지기 쉽다. 다수를 위해 소수의 의견을 무조건 희생하는 것이 옳은지 깊이 고심해봐야 할 대목이라고 생각한다. 이러한 이동권 확보를 위한 예산은 사실 상당히 큰 비용이 드는 문제이므로 소수를 위한 시설확보에 규모가 큰 예산을 편성해서 사용하기가 사실 국가로서도 만만치 않은 부담이 될 수밖에 없다. 다수의 처지에서 저 돈을 다른 곳에 유용하게 쓰면 되지라는 생각이 들 것이고 이로 인해 현재 상황이 초래된 것이다. 그렇다고 소수 의견을 묵살하고 오롯이 다수의 정책만 실행한다면 소수라는 이유로 이러한 무차별적 횡포를 감내해야 하므로 이 역시 문제가 된다.

그런데, 여기서 짚고 넘어가야 할 점은 바로 가장 바쁜 출근시간에 이렇게 시위하여 자신의 권익을 챙기고자 한 점이다. 소수의 권익을 피력하기 위해 다수가 이용하는 지하철에서 출근을 방해하면서 입장을 관철하고자 하는 것이 과연 민주주의 사회에서 용인되어야 하는가이다. 물론 20년을 참아왔기에 이 정도 고통은 서로 감내해야 하는 것이 아니냐고 주장하지만 아무런 상황도 모른 채 피해보는 시민의 시선은 그리 고울 수가 없다. 전장연 입장에서는 그나마 출근길에 시위했기 때문에 관심끌 수 있지 않았냐면서 이해해주기를 바라는 눈치이다. 그러나, 한편으로 이들이 얼마나 기나긴 시간을 참고 견디며 살아왔을지 조금이라도 이해한다면 이 정도 피해는 사실 감수하고서 피끓는 절규와 고통을 역지사지로 생각해보는 것은 어떨지 조심스럽게 생각해본다.

3. 인권증진을 위한 노력

우리나라 사회에서 인권증진을 위해 어떠한 노력을 할 수 있을지 방향성과 해법에 대해 고민해봐야 한다. 사실 이러한 장애인 절규에 관심을 두지 않다가 우연히 장애인 인권교육을 시행하고자 복지관을 찾게 되었고 이들과 1달간 생활하면서 어쩌면 나 자신도 장애인에 대해 편견을 가진 것은 아닌지 깊이 반성하게 되었고 이들과 함께 살아가는 사회에 대해 더 절실하게 고심하게 되었다. 우선 이들의 선결요구는 바로 교통 편의시설 확충이다. 어느 분 말씀을 빌자면 58년 만에 처음으로 지하철과 버스를 타고 외출을 할 정도로 교통 편의시설이 열악하다. 지하철에서 리프트를 한 번 부르는 데만 1시간 가까이 걸리니 아예 외출 자체를 포기하는 것이다. 물론 예전에 비하면 좋아졌지만 조금 좋아진 것을 엄청나게 확대해석하면 곤란하다. 선진국인 일본과 유럽에 견주어 현재 우리나라가 어떠한지 살펴봐야 한다. 아직도 도시철도, 버스, 택시 등 장애인이 이용할 수 있는 차량은 부족하기에 이에 대한 확충이 필요하다. 그리고 사실 휠체어를 이용할 수 있는 버스가 드물어서 휠체어를 이용할 수 있는 지상 버스의 도입을 좀 더 구축해야 한다. 그리고, 지자체마다 다양한 시스템이 있을 수 있는데 장애인이 병원을 가거나 긴급한 용무를 볼 수 있도록 지자체 간에 협력을 통해 배려가 좀 더 모색되어야 한다. 무엇보다도 장애인은 자신이 기거할 집에 대한 불안감이 가장 크다. 예전에 워낙 비리가 많고 장애인을 학대하는 경우가 많아서 대다수 장애인 자립 시설은 현재 자취를 감춘 상태인데 이러다 보니 장애인이 스스로 생활할 수 있는 자립 생활 주택을 요구하는 경우가 많다. 장애의 종류와 정도를 배려해서 적절한 모델을 개발하고 이들이 자립적으로 생활하도록 정착금을 지원할 필요가 있다. 그런데, 가장 중요한 것은 우후죽순처럼 많이 자생하는 다양한 단체가 있지만, 아직도 인권 사각지대에 놓여 학대나 성적 피해를 볼 수 있으므로 이에 대한 법질서의 확립이 우선시되어야 하며 감시기관을 통해 이들 단체가 제대로 운영되는지 상시 감시·감독하는 기구 설립이 절실하다. 그리고, 장애인 인식개선을 통해 장애인 시설이 들어왔을 때 님비현상으로 자칫 마음의 상처를 받지 않도록 이러한 시설을 유치하는 지역에는 적절한 유인책을 통해 함께 살아가는 사회 로드맵을 제시해야 한다. 그리고, 이러한 모델이 완성되어 성공한다면 확대하여 전국 시스템으로 구축할 필요가 있다.

장애인과 관련해서 아직도 우리 사회에 존재하는 장애인 편견이 가장 큰 문제이므로 어린 초등학생부터 시작하여 장애인 인권 교육을 강화할 필요가 있다. 장애인 인식개선이라는 의식개선은 물론 실질적으로 인권을 보장할 수 있도록 매뉴얼과 콘텐츠를 개발하여 확대해야 한다. 장애인 인권운동을 보다 구체적으로 제도화하고 현실화하여 일상에서 장애인 인권을 강화하기 위한 다양한 프로그램과 제도가 마련되어야 한다, 이제는 절대 캠페인만으로는 장애인 차별과 학대가 멈출 단계는 지났다. 연일 보도에서 비치는 장애인 학생에 대한 비장애인 학생의 협박과 학대 및 성폭력과 성추행 등은 이제 간과해서는 곤란하다.

조세희의 '난쏘공' 소설이 처음 나왔을 때 우리 사회는 장애인에 대해 어느 정도 관심두는 듯 싶었다. 그리고, '도가니' 영화를 통해 장애인 문제에 대한 사회적 이슈화가 이루어졌다. 물론 혹자는 조금씩 좋아지고 있는데 왜 자꾸 이들 소수에게만 특혜를 주는지 모르겠다며 반발 아닌 반발을 한다. 그리고, 장애인을 마치 아무것도 할 수 없는 정말 바보라고 생각하는 사람이 지나치게 많다. 비장애인들이 생각하는 것 이상으로 사회에서 할 수 있는 일이 너무나 많음에도 불구하고 우리가 기존에 가진 편견과 소외로 인해 이들은 더더욱 설 자리를 잃은 채 은둔의 생활을 하는 것이다. 이들을 양지로 불러내서 서로 할 수 있는 일을 논의하고 역할을 준다면 단지 국가 예산 낭비라는 이름으로 이들을 하대하지 않으리라 생각한다. 어쩌면 우리 마음속에 기존에 자리잡은 마음의 장애가 이들이 가진 육체 장애보다 더 심하다고 생각한다. 물론 이들이 최근 자신의 의견을 관철하기 위해 보여준 행태에 대해 왈가왈부 말은 많지만 한 번쯤은 왜 이렇게까지 하는지 이해하면서 장애인 인권을 통해 우리나라 사회 전체의 인권향상은 물론 전 세계적으로 서로 존중하고 아끼는 문화가 정착되길 기대해본다.

코로나를 비롯한 감염병에 대한 단상

감염병이 발생시키는 다양한 사회문제 현상을 알아보고 이에 대한 원인과 과정, 나아가 이러한 문제를 해결할 방안과 대안에 대해 논의하고자 한다.

1. 감염병이 발생시키는 다양한 사회문제 현상, 그 원인과 과정

1) 노인층의 디지털 소외현상

고령화와 더불어 코로나 19로 인한 언택트(Untact) 사회의 도래로 노인의 디지털 소외가 주요 사회문제로 대두되고 있다. 코로나 19로 인해 오프라인 행정 및 경제가 온라인으로 전환되는 등 빠르게 변화하는 디지털 환경에 적응하지 못한 세대와 계층은 더욱 깊숙한 사각지대에 처했다. 사실 연세 드신 분들은 아직 핸드폰 사용이 익숙하지 않다. 단순히 전화를 거는 기능은 어느 정도 숙달됐지만, 노안이 온 상태에서 모든 관련 정보가 문자로 오는 상황을 이분들은 쉽게 받아들이거나 이해하지 못한다. 비대면 사회로의 이행은 아날로그적 삶에 익숙한 노인 세대들에게 단순한 불편함을 넘어 경제·사회적 차별의 심화를 가져왔다. 모든 일상적인 경제활동 및 심지어 국가 관련 복지나 의료시스템마저 디지털로 이루어지다 보니 이들에 대한 고충은 말로 표현하기 힘든 정도이다. 디지털 기기 활용 미숙은 나이가 많아질수록 더욱 심각해진다. 전반적인 디지털 기기 활용 수준을 나타내는 수치는 '종합적 디지털 정보화 수준'으로, 이는 디지털 접근, 역량, 활용 능력 등의 하위요인을 포함한다. 70대 이상의 스마트폰 보유율이 38.3%임에도 불구하고 활용 수준은 26.0%에 그쳤다. 이 결과는 고령층이 디지털 기기를 다양한 방법으로 활용하기보다는 단조로운 활용만 한다는 것을 의미한다. 나아가 디지털 역량에 있어서 50대는 93.8%로 일반 국민 수준에 상응하였지만, 70대 이상은 14.6%라는 현저히 낮은 수준을 보였다.

2) 코로나 역학조사로 인한 사생활 침해 우려 심화 현상

코로나 역학조사에서 우리 사회는 기존의 시스템과 너무나 판이한 새로운 경험을 하고 있다. 특히 역학조사와 관련하여 개인생활이 일거수일투족 공개됨에 따라 큰 우려를 낳고 있다. 단순히 질병을 치료하는데 또한 국민의 건강을 돌봐준다는 데 중점을 둔 채 개인정보 보호법에 입각한 모든 기능이 오롯이 국가의 위험사태에 우선순위를 넘겨준 채 힘겹게 고전하고 있다.

우리 사회는 코로나 19로 인해 개인의 종교, 이동의 자유, 사생활, 교육권 등 다양한 부분에서 변화를 겪고 있다. 물론 우리나라는 빠른 대응으로 생명권과 건강권을 보호했으나 이면에는 사생활 침해, 소수자 인권, 낙인과 같은 인권문제에 대한 고민을 앓을 수밖에 없다. 인권문제 중 어느 하나가 다른 것보다 중요하다

고 할 수는 없지만, 우리 사회가 이에 대한 논의를 통해 조화로운 합의점을 찾아가는 기회를 마련해야 한다. 역학조사에서 인권에 대한 고민과 딜레마는 우리 사회가 이제 포괄적으로 고심할 부분이라고 생각한다.

3) 코로나 19 상황에서 외국인 노동자들에 대한 차별 심화 현상

감염병이 발생시키는 다양한 사회문제 현상에 대해 우선 살펴보고자 한다. 비대면 시대에서 우선 코로나 역학조사라는 핑계로 사생활이 침해당하고 있다. 우리나라는 역학조사 후 그 지역에 있던 모든 사람에게 긴급 메시지를 보내, 노선이 겹쳤던 사람들에게 코로나 검사를 받도록 한다. 하지만 이 과정에서 감염자의 사생활이 노출된다는 점과 미세지 수신자가 제대로 확인하지 않는 경우가 매우 많다는 점이다. 또한, 역학조사에는 많은 인력과 시간이 필요하게 되는데, 역학조사의 시간 간격 사이에 감염자가 더 늘어날 수 있다.

코로나 19 상황에서 외국인들의 차별을 들 수 있다. 사실 현재 한국에는 한국의 부족한 노동력 부족을 메꾸기 위한 외국인들이 많이 거주하고 있다. 노동력과 기술의 상호교환은 세계 어느 노동시장을 보아도 일반적으로 높아지고 있고 앞으로 한국 사회도 고령화의 진전과 출산력의 감소로 인한 노동력의 감소, 그리고 높아진 생활 수준과 교육수준으로 인해 이를 보완하기 위해 외국 노

동력의 수입은 어쩔 수 없는 현상이다. 나아가 2020년에 사망자 수가 출생아 수를 넘어서는(-3만3천 명) 데드크로스 현상이 처음 발생했으며, 지난해에는 국내 거주 외국인까지 감안한 총인구 감소 현상까지 벌어졌다. 인구 감소로 생산가능인구 또한 가파르게 줄어 2020년 3천737만 명에서 2025년 3천561만 명으로 5년 새 무려 176만 명이나 감소할 것이라는 전망도 나온다. 그럼에도 이러한 노동력 부족을 해결하고 있는 한국에서 근로를 담당하는 외국인 노동자에게 코로나는 직격탄을 날리고 있다. 코로나로 인해 장기불법체류자들은 의료의 사각지대에서 백신 접종도 제대로 하지 못하고 설령 백신 접종을 운 좋게 맞았다고 해도 근로현장에서 사주들의 눈치를 보며 제대로 휴식을 취하지 못하는 것이 현실이다.

2. 감병병에 의한 사회문제 현상의 해결 방안/대안

1) 노인층의 디지털 소외현상 해결 방안

노인의 디지털 소외 해결 방안을 살펴보면 포용적 디지털 이용 환경조성이 절실하다. 특히 장애인과 고령층을 위한 디지털 기기·서비스 접근성 개선을 위하여 무인 정보 단말기(키오스크) 접근성 보장을 단계적으로 의무화해야 한다. 이를 통해 일상에서 흔히 사용되는 디지털 기기에 대한 접근 장벽을 낮추어 장애인과 고령층 등이 빠르게 변화하는 디지털 환경에서 소외되지 않도록 도와줘야 한다. 아울러 주민센터, 마을회관 등 공공장소에 공공 와이파 이를 신규 설치하고, 도서·벽지 등 인터넷 이용이 어려운 농어촌 마을 지역에 초고속 인터넷망을 구축해야 한다. 나아가 취약계층을 위한 포용적 디지털 기술과 서비스도 확산해야 한다. 코로나19로 인해 제한되고 있는 기존 대면 중심의 취약계층 급식 서비스를 비대면화하기 위해 공공의 데이터와 민간의 서비스를 연계하는 플랫폼을 구축해야 한다. 플랫폼 구축 시 단지 공공기관 중심이 되는 것이 아니라 민간 기업이 취약계층을 대상으로 하는 여타 포용적 디지털 서비스 개발에 사용할 수 있도록 데이터 세트 구축을 추진해야 한다. 특히 ICT(정보통신기술) R&D 바우처 사업 등에 가산점을 부여하고 민간 부담금 및 기술료 등 경제적 부담을 완화해야 한다. 이를 통해 디지털 소외계층에 대한 서비스 제공은 물론 디지털 기반 사회적기업의 기술 역량 강화를 지원할 수 있다.

2) 코로나 역학조사로 인한 사생활 침해 현상 해결 방안

코로나 역학조사에서 사생활 침해를 해결하기 위해서는 우선 인권의식에 기반을 둔 역학조사가 필요하고 이를 위해서는 환자와 역학 조사관의 인권 모두 보호해야 하므로 역학 조사관의 훈련 및 업무강도를 조정할 필요가 있다. 또한, 역학조사 내용 보호를 위한 안전한 정보시스템과 인권 피해사례에 대한 수집·대응체계를 마련해야 한다. 나아가 확진자 동선 공개에 대한 실효성 있는 공개방안이 무엇인지도 지속해서 고민해야 한다. 블록체인 기

술을 이용하면, 효과적으로 코로나를 예방할 수 있다고 생각된다. 다만, 이 기술의 전제는 많은 사람이 또는 모든 국민이 자신의 휴대폰에 이 앱을 설치해야지 가능하다는 점이다. 블록체인에서 해시(Hash)라는 개념을 먼저 알 필요가 있는데 해시는 간단히 말해 암호화된 정보이다. 근데 이걸 어떻게 코로나 역학조사에 사용할까? 컨셉은 이렇다. 모든 사용자의 휴대폰에 이 앱이 설치되어 있어 위치의 변동이 일어나면, 이를 해시값으로 저장한다. 그럼 사용자마다 로컬 데이터베이스에 자신의 위치 데이터를 해시값으로 가지고 있다. 만약에 '나'가 감염된다면 모든 사용자가 연결돼있는 블록체인을 통해 모든 사용자에게 자신의 해시값을 전송한다. 만약에 수신자와 송신자의 해시값이 일치하게 된다면, 수신자에게 코로나 검사를 받도록 하는 것이다. 만약에 모든 사람에게 자신의 위치 정보가 전송된다면 어떻게 사생활 침해가 이러나 지 않는 것일지 반박할 수도 있다. 하지만 해시값은 인코딩은 가능하지만, 디코딩이 매우 어렵다. 따라서 사용자들의 자유권을 보장함과 동시에 사생활 침해에 대한 우려를 제거할 수 있다. 하지만 이러한 시스템에도 문제가 있다. 만약에 같은 건물에 있었어도 GPS는 위도와 경도만을 표시하기 때문에 대략적인 지도상의 노선 겹침만 확인할 수 있을 뿐, 자세한 정보의 조회가 불가능하다는 단점이 있다. 이러한 문제를 해결하기 위해서는 이용자의 수동 입력이 필요하게 되는데, 이가 제대로 이루어지지 않으면 시스템 자체가 쓸모없음이 된다는 치명적인 단점이 있다.

3) 코로나 19 상황에서 외국인노동자에 대한 차별 해결 방안

구체적인 정책으로는 다문화 인식개선과 다양성 교육을 위한 '차별금지법' 제정과 이민 관련 전담 기구인 '이민청' 설립을 통해 다문화 사회의 토대를 쌓아야 한다. 법무부와 고용노동부, 여성가족부, 행정안전부 등으로 나뉜 다문화 관련 정책을 총괄할 '이민청'을 설립해 정책 중복을 줄이고 효율을 높여야 한다. '이민 기금'은 국민 세금이 아닌 외국인이 낸 수수료와 과태료 등을 재원으로 삼아 외국인을 위한 정책 예산을 마련하자는 취지로, 그간 학계에서 여러 차례 제기됐는데 제도적 방안을 마련하기에 앞서 이민 문제에 대한 정밀한 분석과 공론화를 통해 국민적 합의를 끌어내야 한다. 그리고 이민자를 어떻게 관리·활용하고, 내국인과 어떻게 함께 살도록 할지 우리 사회가 고민해야 하며 이민자 등의 사회 통합을 지원하는 '사회통합기금' 조성이 필요하다. 외국인 노동자의 활용과 관련해 기존 고용허가제 대신 '노동 허가제' 도입 등 개선이 필요하다. 사업주에게 외국 인력 고용을 허가하는 게 아니라, 일정 자격을 갖춘 외국인에게 한국에서 일할 수 있도록 허가하자는 것이다. 이를 통해 외국인 노동자의 처우 개선 등의 효과는 물론 숙련 인력을 확보하고, 부족해지는 생산가능인구를 확충하는 효과도 거둘 수 있다. 이주민 혐오 해결을 위해서 차별금지법 제정도 필요하다. 최초 5년간의 노동 기간과 이후 영주 자격 신청을 허용하고, 사업장 이동 자유, 노동3권, 가족 결합권을 보장해야 한다.

나가며

이상으로 감염병으로 인하여 발생하는 노인층의 디지털 소외현상, 코로나 역학조사로 인한 사생활 침해 우려 심화 현상, 코로나 19 상황에서 외국인 노동자들에 대한 차별 심화 현상을 살펴보았다. 감시시스템으로 인간의 자유를 제한하고 프라이버시를 침해한다는 주장이 심화하는 가운데 공공의 안전을 위해 개인이 어느 정도 희생해야 하느냐의 질문은 지금의 코로나 19시대에도 물어야 할 것으로 보인다. 일단 감염병이 발생한 이상 다양한 사회문제를 해결하기 위한 노력이 절실하다. 디지털 문명에서 한 발 떨어진 노인층에 디지털 교육을 강화해야 하고 사생활 침해를 최소화하면서 방역을 빈틈없이 해야 하며 노동 허가제 도입과 관련한 개선책을 비롯하여 이주민 혐오해결을 위해 차별금지법 제정 등이 마련되어 코로나 위기를 슬기롭게 해결해야 할 것이다. 우리나라도 모쪼록 현명한 판단하에 산재한 사회적 문제를 해결하는 정책이 절실히 필요하다.

코로나와 미래 교육에 대한 단상

갑자기 불어닥친 코로나는 사회 전반의 일반적인 현상들을 순식간에 바꿔버리고 말았다. 너무나 당연시된 야구장에서의 응원, 공연 관람. 젊은 청춘들의 유흥 문화를 비롯한 대면에서의 일상이 이제는 언제 가능하다고 장담하기도 힘든 힘겨운 고비를 맞이하고 있다. 그러면서, 우리 인간들은 우리 삶에서의 문제점은 무엇인지 그리고 앞으로 나아가야 할 방향성에 대해 깊이 있는 고민을 하게 되었다. 어쩌면 먼 훗날 미래의 일이라고만 생각되었던 각계각층의 다양한 활동들을 이제는 원점 선상에서 다시 깊이 있는 고민과 토론, 나아가 이제는 당장 눈앞에 닥친 현실에서의 방향성을 제시할 수밖에 없는 현실을 맞이하게 되었다. 특히, 예전에는 방통대만의 대면과 비대면 수업에 대해 그다지 감흥을 느끼지 못하고 기존 면대면 수업만 하던 다소 코 높던 대학강의실에서의 수업에서 벗어나 온라인을 통한 수업을 이제는 차선이 아닌 최선으로 생각할 수밖에 없음에 따라 다시 한번 교육의 방향성에 대해 고심하는 계기가 되고 있다. 사족이 다소 길기는 했지만, 코로나로 인한 사회변화 중 가장 깊이 있게 고심하고 해결해야 할 문제가 바로 교육문제라고 생각한다. 코로나 19 감염증으로 인해 교수-학습의 형태가 바뀌고 있다. 면대면 수업에서 비대면 수업으로 바뀌었다. 다수의 학생이 교실이든 실외이든 모일 수 없는 환경 탓으로 이제 운동장에서의 체육활동이 부담스럽게 여겨지고 있고 설령 오프라인으로 교실에서 수업이 이루어진다고 해도 이제 마스크 없이는 절대로 일상생활은 불가능하게 되었다. 최근 2.5단계로 위험수위가 높아짐에 따라 수도권 학생들은 학교에 가지 못하고 가정에서 텔레비전과 컴퓨터 모니터 앞에 앉아서 수업을 받고 있다. 다양한 멀티미디어 수업이 논의되었지만 참으로 더디게 발전하던 원격교육이 순식간에 주요한 교육의 모습으로 등장했다. 그런데 원격교육의 폭발적 증가는 단지 수업방식의 변화에 불과한 것인가? 어쩌면 미래 교육의 모습을 우리에게 슬쩍 보여주는 것은 아닐까? 본 과제물을 통해 코로나 19의 확산 이후 우리 사회에 새롭게 나타난 대표적인 사회현상 중 공교육에서의 온라인 교육의 일상화와 이로 인한 교수자(교사를 비롯한 교수)의 역할변화를 중심으로 앞으로 이러한 온라인 교육을 비롯한 교육방식이 어떻게 변화해 갈지 살펴보고자 한다. 온라인 원격수업은 오랫동안 꿈꿔온 미래였다. 도서벽지의 학생들까지 언제 어디서나 원하는 내용을 배울 수 있도록 모든 학교에 클라우드 컴퓨팅 기술을 기반으로 하는 교육환경을 구축하겠다는 계획이었다. 하지만 2020년 코로나 19가 열어젖힌 원격교육은 느닷없이 덮쳐온 미래였다. 이러한 코로나 위기 상황 속에서 원격교육이 우리 교육이 나아가야 할 새로운 길을 보여준다는 문제의식 속에서 새롭게 주목받는 방통대는 어쩌면 그 선구자적인 역할을 하지 않았나 생각을 해본다.

1. 달라진 온라인 교육에서의 교사의 역할 및 미래의 변화

코로나로 인해 이제 사실상 대면수업과 활동은 거의 불가능하게 되었다. 설령 대면 수업이라고 해도 교수자와 학생 모두 마스크를 낀 채 수업을 해야 하며 특히 체육과 음악 등의 교과 활동은 사실 불가능하게 되었다. 아무래도 호흡기 질환이므로 감염을 걱정하지 않을 수 없는 것이 현실이다. 이로 인해 비대면 원격교육이 실행되게 되었고 이로 인해 학습자 주도의 수업이 불가피해졌다. 교사는 온라인을 통해 학습이 잘 이루어지도록 수업을 관리하는 일에 초점을 맞춘다. 학습자 스스로 학습에 참여하도록 교사는 수업 설계에 노력을 기울인다. 학부모는 학습자의 수업 참여를 격려하고 보조 교사로서 자녀의 질문에 대답하기 위해 자녀와 함께 공부하기도 한다. 학습자는 수업 시간에 맞추어 가정에서 텔레비전의 교육 방송이나 컴퓨터의 재방송에 참여한다. 학습자가 수업에 주도적으로 참여하지 않는 경우도 많다. 교육 전문가들은 코로나 19를 계기로 원격수업과 대면 수업의 장점을 각각 살리는 방안을 찾는다면, 미래 교육으로 나아가는 새로운 대안이 될 수 있다고 말한다. 사회에서는 지식 내용보다는 스스로 학습하는 능력과 문제 해결하는 능력을 보다 중요시하게 될 것이다. 따라서 현재의 '교과' 구분은 약화하고 여러 교과 지식을 융·복합적으로 문제해결에 사용하는 실용성을 좀 더 중시하게 될 것이다. 교수-학습방법도 마찬가지다. 교육과정은 근본적인 변화를 요구받게 될 것이다. 예를 들어, 국어, 수학, 사회, 과학 등의 분과적인 지식을

습득하는 것이 아니라, 보다 실용적이고 융합적인 프로젝트 경험을 통해 문제를 해결하는 능력을 키워 줄 수 있도록 재편하는 상황에 직면할 것이다. 다시 말해 포스트 코로나 시대, 학교 교육은 기존의 '지식 내용 습득'에서 '문제해결 능력'을 육성하는 방향으로 변화하게 될 가능성이 크다. 이제 인공지능으로 크게 나뉘는 4차 산업혁명을 맞이하고 있다. 이 시대에 학습자가 길러야 할 학습역량은 창의력, 비판적 사고력, 의사소통 능력, 협동력 등이다. 여기에 더해 데이터 처리능력과 컴퓨터 활용 능력, 그리고 인문학적 이해력 등이 요구된다.

2. 온라인 학습을 통한 개별적인 학습 지원

주요한 변화는 역시 학습자의 자기 주도성과 교사와 온라인을 통한 개별적인 학습 지원이다. 학생의 개별적인 진도를 점검하고 충분한 학습이 이루어지도록 지원하기 위해서는 세심한 노력과 시간이 많이 든다. 또한, 교사의 수업콘텐츠 제작 역량과 쌍방향 소통을 위한 앱 사용능력 등의 차이가 커서 이를 보완하기 위한 정책적 지원도 절실하다. 온라인 수업의 급속한 확산이 단지 코로나 19 감염병 사태로 불가피하게 이루어지는 수업방식일 뿐이라는 차원을 넘어 4차 산업혁명에서 요구되는 학습역량을 키우는 위한 주요한 수업형태로 인식될 필요가 있다. 이제는 모든 학생의 개별화 학습에 초점을 맞춘 학습콘텐츠를 제공해야 한다. 학생이 자주 틀리는 문제의 유형을 파악하여 이를 체계적으로 학습하도록 학습자료를 제시한 후 자기 주도적으로 완전학습에 이르게 하는 학습플랫폼에서 학생들은 자신들에게 맞는 맞춤형 수업을 하게 된다. 예를 들면, 미국의 애리조나 주립대학에서는 지능형 개인학습체제를 통해 수학, 생물학, 물리학, 경제학 등 기초 교과를 학습한다. 빅데이터에 기반한 인공지능이 학습자 개개인에게 맞는 학습경로를 제공하여, 각 학생에게 맞는 난이도의 수업자료와 문제를 제시한다. 이를 통해 해당 교과에서 학습자의 수준차를 고려하여 모든 학생이 흥미를 잃지 않으면서 도전적으로 학습을 하도록 돕는다. 이에 따라 교수의 역할은 강의에서 벗어나 프로젝트를 설계함으로써 학생들이 현실적으로 응용되는 과제를 수행하도록 지원한다. 인공지능기반의 수업플랫폼이 교사의 역할을 프로젝트 설계자이자 학습 촉진자로 변화할 수 있도록 한다.

코세라(Coursera)는 스탠퍼드, 예일, 카이스트 등 세계 100여 개의 주요 대학이 참여하는 온라인 학습플랫폼으로, 450여 개의 강좌에 500만 이상의 학습자가 참여하는데, 코로나 19 감염증 사태로 등록자가 8배나 증가했다고 한다. 이와 비슷한 학습플랫폼인 에덱스(edX)는 하버드, MIT 등이 개설하여 세계 140여 개 대학이 참여한 온라인 학습플랫폼으로, 2000여 개의 강좌를 열고 있다. 이 무료 학습플랫폼은 전 세계의 대학생을 비롯한 성인 학습자들이 사용하고 있고, 유료로 학습인증서도 발급하고 있어 학습 이력으로도 기능하고 있다. 미네르바 스쿨은 창의적 혁신적 인재양성을 목표로 미국 벤처 사업가에 의해 2014년에 설립되었다. 학교 운영을 담당하는 본사가 샌프란시스코에 있지만, 학생들이 수업하는 캠퍼스가 없고, 학생들은 미국, 독일, 영국, 대만, 한국 등 전 세계를 돌아다니면서 수업을 한다. 대부분의 수업을 온라인으로 진행한다. 수업은 단순한 인터넷 동영상 시청을 하는 것이 아니라, 영상 소프트웨어를 이용해 수업자료를 보면서 실시간 토론을 한다. 이 독특한 학교들은 코로나 19 감염증 사태로 새롭게 조명되고 있다. 마치 인공지능을 활용한 비대면 자기 주도 학습이 다가올 미래의 주요한 교육의 모습이라고 예언을 하는 듯하다.

3. 교사 및 교수자 역할

그렇다면, 이러한 상황에서 교사와 교수자는 과연 어떤 역할을 해야 할 것인지 깊이 있게 고심해볼 필요가 있다. 코로나 19로 인해 학교 현장에서는 기존의 면대면 수업방식에서 원격수업 방식으로 교육방식이 전환되었다. 실시간 쌍방향 중심 수업, 콘텐츠 활용 중심 수업, 과제 수행 중심 수업이 그것이다. 다시 말해서 단순히 지식 전달자로서의 교사의 모습에서 기존의 지식을 공유하고 이것을 통해 학생들이 자신의 삶에 적용할 수 있도록 하는 지식 안내자로서 교사의 역할에 대한 고민이 다시금 생겨난 것이다. 물론 원격수업에서도 면대면 수업의 요소를 원격수업에 끌어와서 수업을 진행하기 위해 현장 교사들은 구글 행아웃, MS 팀스, ZOOM, Webex 등의 플랫폼을 활용해서 실시간 쌍방향 중심의 수업방식을 활용하기도 하였다.

디지털 리터러시(Digital Literacy)는 디지털 시대에 필수적으로 요구되는 정보 이해 및 표현 능력을 의미한다. 쉽게 말해 디지털로 된 도구를 다루고 활용할 수 있는 능력이다. 급변하는 사회 속에서 학생들에게는 여러 가지 역량들 가운데 디지털 리터러시(Digital Literacy) 또한 강조되는 역량 중 하나이다. 이러한 능력은 학생뿐만 아니라 교사에게도 요구되는 능력이다. 교사는 면대면 수업과 원격수업을 적절히 활용하여 학생들이 디지털 교육 환경의 변화를 동시에 경험하면서 학생들이 디지털 경쟁력과 책임감을 가질 수 있도록 노력해야 한다. 이것이 바로 포스트 코로나 시대를 맞이해서 교사가 고민해보아야 할 역량이자 역할 정립을 위한 힌트가 될 것이다. 면대면 수업에서도 교사는 맞춤형 수업에 대한 고민을 아예 하지 않은 것은 아니지만 원격수업이 진행되면서 맞춤형 수업에 대한 문제의식이 더욱 고조되는 계기가 된 것이다. 이에 교사는 포스트 코로나 시대를 맞이해서 학생 개개인의 특성에 맞춘 맞춤형 수업을 진행하기 위해서 어떻게 수업 방식을 적용하고 운영해야 하는지에 대한 새로운 역할 포지셔닝이 필요하다.

어느 순간부터 교육에서는 학생들의 배움보다는 지식 전달을 통한 대학 입시가 중요하게 자리 잡게 되고 그러다 보니 학교 교육에 대한 신뢰보다는 사교육에 대한 사람들의 맹신이 팽배해지게 되었다. 교사가 지식 전달자로서 임무를 수행하는 시대는 저물고 있다. 교사는 단순히 학생들에게 콘텐츠 전달을 넘어서 학생들의 마음을 움직일 수 있는 임무를 수행할 수 있어야 한다. 그래서 단순히 지식 전달자가 아닌 학생들이 자신의 삶을 주체적으로 살아가고 자신만의 정체성을 형성할 수 있도록 도움을 주어야 한다. 코로나 19로 원격수업을 하면서 교사들은 포스트 코로나 시대를 맞이해서 그동안 은연중에 떠올리고 있었지만 바쁜 학교의 일상 속에서 가려져서 생각하지 않았던 교사의 역할에 대해 다시금 고민해 볼 때이다. 그리고 원격수업의 경험을 바탕으로 시대적 흐름을 읽고 학생들의 교육환경에 적합한 수업방식에 대해 과감하게 도전하고 끊임없이 노력해야 할 것이다

나가며

4차 산업혁명으로 인해 육체노동뿐 아니라 정신노동도 인공지능이 대체하고 있다. 이로 인해 새로운 산업 분야로 저탄소 녹색성장 산업, 생명공학, 나노기술, 뇌 연구, 우주개발, 원자력, 핵융합 에너지 개발 같은 분야를 주목하고 있다. 또한, 금융 서비스, 의료 서비스, 전자유통 서비스, 교육 서비스, 사회안전 서비스 등 전통적 서비스산업을 고부가가치 산업으로 전환하는 것도 중요하다. 이러한 산업에 필요한 인적 자원의 개발은 학교교육체제에서 평생학습체제로 우리 교육시스템을 전환함으로써 가능하다. 코로

나 19로 인해 교육 분야에서도 뉴노멀(New Normal) 시대가 도래하고 있다. 뉴노멀(New Normal)이라는 용어는 과거를 성찰하며 새로운 질서를 모색하는 시점에서 자주 등장하는 용어이다. 원래는 경제학에서 통용되는 용어로 시대 변화에 따라 새롭게 부상하는 기준이나 표준을 의미한다. 지금 우리 교육 분야에서도 뉴노멀(New Normal) 시대에 대한 준비가 필요하다. 코로나 19가 언제 종식될지 불확실한 상황에서 이전과는 다른 방식의 수업 변화는 새로운 표준으로 학교 현장에 자리를 잡게 된다. 코로나 19 상황에서 교육부는 학생들의 수업 결손을 최소화하기 위해 원격수업을 시행하였다. 이것은 결코 교사의 선택사항으로 진행된 것이 아니라 코로나 19로 선택해야만 했던 교육의 모습이었다. 온라인 개학과 동시에 과거에는 일상적인 맥락에서 전혀 생각지도 못했던 원격수업 상황이 하나의 표준으로 자리를 잡은 것이다. 온라인 개학이 진행되면서 현장에 있는 교사들은 원격수업을 준비하고 운영하는 과정에서 많은 혼란이 있었다. 여러 가지 온라인 기기나 도구들을 활용해서 원격수업을 준비해야 했고 처음으로 운영되는 수업방식과 출결 확인, 학습 현황을 피드백하는 방법 등 여러 가지로 새로운 시스템에 적응하며 교육 활동을 펼쳐야 했기 때문이다. 하지만 분명한 점은 온라인 개학 초기에 혼란을 넘어 원격수업이 어느 정도 자리를 잡아가고 있는 지금의 상황에서도 코로나 19가 언제 종식될지는, 그리고 종식되더라도 언제 다시 찾아올지는 아무도 확신할 수 없다는 점이다. 따라서 코로나 19

로 인해 교육 분야에서 새롭게 맞이하게 된 지금의 상황을 바탕으로 미래의 교육에 대비하고 준비해야 하는 교육에서의 뉴노멀(New Normal) 시대를 염두에 둬야 할 때이다. 개별화 학습을 위해 에듀테크와 하이테크를 적극적으로 활용해야 한다. 인공지능 기반의 에듀테크를 통해 학습자는 이제 개별화 맞춤형 학습이 가능하다. 반면, 교사는 프로젝트 설계로 학습자의 실용적인 학습역량을 끌어올리고 자기 주도적 학습을 지원하는 하이테크로 역할을 전환할 수 있다. 특히 에듀테크로 인해 가정의 경제적 배경이 학습격차를 초래하지 않도록 해야 한다. 저소득층 학습자에게 개인용 학습 도구를 적극적으로 지원하여 평등한 학습기회가 될 수 있도록 해야 한다. 그리고, 온라인을 기반으로 한 다양한 학교형태와 수업형태를 허용해야 한다. 인공지능을 활용하여 국제적인 연계 속에서 학습하는 것이 세계적 추세이다. 우리 공교육도 이러한 추세에 선제적으로 대응해야 한다. 교육과 학습이 실제 세계를 선도하지는 못하더라도 뒤처져서는 교육입국을 할 수가 없는 이유가 바로 여기에 있다.

정신장애인에 대한 단상

정신장애인의 문제는 심각성을 넘어 국가적 위기로 선포해야 할 정도로 우리의 삶을 위협하고 있다고 생각을 한다. 묻지만 범죄의 경우는 대부분 단순히 상대에 대한 보복이라기보다는 말 그대로 중증 정신장애를 가진 이들이 약물 관리를 비롯하여 전반적인 조치가 제대로 이루어지지 않아 발생하는 경우가 태반이다. 그러므로 국가적인 차원에서도 사회경제적 손실을 일으킬 수 있으므로 시급히 해결되어야 할 문제이다. 하지만 안타깝게도 최근 발생한 강남역 살인사건이 조현병 환자의 정신병적 증상으로 밝혀지면서 언론의 선정적이고 편향된 보도로 인하여 정신질환자에 대한 사회적 편견이 증가할 우려가 있으므로 이런 차별적인 인식을 개선하기 위한 노력이 더욱 필요한 시점이다. 편견이란 특정인에 대한 부정적이고 잘못된 정보에 의한 태도를 의미한다. 이러한 편견은 어린 시절에 부모나 주변 사람들에게서 듣거나 보면서 학습되어 그 사회집단에서 오랫동안 유지되어 온 것으로, 한번 형성된 후에는 자신의 강한 신념으로 굳어지며, 객관적인 사실을 통해서도 쉽게 변화되지 않는 특징이 있다.

역사적으로, 정신질환자들은 혐오와 두려움, 공포의 대상으로서 인식됐으며 16세기와 17세기에 유럽이나 북미에서 마녀로 몰려서

화형당한 사람들이 최근 들어서 정신질환을 앓고 있던 사람들이었다는 증거들이 발견되고 있다. 19세기에 들어서면서 서구 유럽에서는 'lunatic asylums' 또는 'madhouses'라고 불리는 정신병원이 설립되었는데 이는 정신질환자를 지역사회에서 분리해서 병원에 가두기 위한 목적으로 사용되었다. 현재까지도 정신질환에 대한 사회적 편견은 동서양을 막론하고 널리 퍼져 있다.

정신장애인에 대한 일반적인 생각은 다음과 같이 정리될 수 있다. 우선 정신장애인은 무조건 타인을 해치고 위협하고 심지어 죽일 수 있다는 편견을 갖고 있다. 편견은 이들에 대해 무차별적인 색안경을 통해 이들이 타인을 해친다는 생각이다. 하지만 약물치료 및 다양한 사회교화 및 친화 프로그램을 통해 충분히 사회에 진출하여 일반인과 같이 같이 생활할 수 있다. 현대인들은 누구나 어느 정도의 스트레스와 때로는 견딜 수 없는 힘듦으로 인해 괴로운 정신적 고통을 겪고 있다. 자칫 이러한 스트레스는 제때 약물치료나 상담 치료를 받지 않게 되면 더 악화할 수 있으므로 초기에 의료진과의 상담이나 진료가 필수적이라고 생각한다.

정신장애인은 동서양을 불문하고 정신질환에 대한 가장 흔한 편견은 정신질환자들이 공격적이며 위험하다는 것이다. 독일의 경우 정신질환자들이 예측 불가능하다고 응답한 비율은 49.6%였으며, 공격적이고 난폭한 행동을 한다고 응답한 비율은 약 25%로

조사되었다. 국내에서도 정신질환에 대한 국민 인식조사를 한 결과, 76.6%의 응답자가 정신질환자들이 일반인보다 위험한 편이라고 응답하여 좀 더 부정적으로 인식하고 있는 것으로 나타났다. 미국에서는 정신질환의 종류에 따른 위험률 인식 정도를 조사한 결과, 대중들이 인식하고 있는 위험률이 정신질환마다 차이가 있다는 것을 발견하였으며 전반적으로 위험률을 높게 인식하고 있는 것으로 나타났다.

정신장애인에 대한 편견은 직장생활을 못 한다는 것이다. 이 역시 잘못된 편견이다. 정신장애인이라고 해서 직장생활을 못 하는 것이 아니다. 병원에서 전문의 도움을 받으며 약물치료를 받고 정신적인 스트레스를 해소할 수 있다면 또한 운동을 통해 불필요한 스트레스를 날려버리고 여행을 통해서 자신만의 힐링을 할 수 있다면 정신장애인이라고 해서 직장생활을 못 할 이유는 없다.

정신장애인은 운전과 운동을 못 한다는 편견을 갖고 있다. 아무래도 정신적으로 불안정한 상태이고 외부에 노출될 경우 자신을 바라보는 시선이 부담스럽다고 스스로 느껴 때로는 집안에서만 생활하는 때도 있지만 이 역시도 잘못된 편견으로 치료만 받는다면 그 누구보다도 더 운동을 잘할 수 있으며 올바른 판단력을 통해 운전할 수 있다. 운전하기 위해서는 운전면허를 취득해야 한다. 운전은 운전할 수 있는 능력을 전제로 하고 있으며, 운전면허로써 그 능력을 증명된다. 정신장애가 있는 경우 도로교통법 제82조 2항에 따라 운전면허의 결격사유로 인정하고 있다. 그 이유는 첫째, 불안한 주행 능력(예를 들어 급격한 조향), 둘째, 낮은 인지 반응 시간(PRT, Perception Reaction Time), 셋째, 위 2가지 요인에 따른 높은 사고율 때문이다. 다행히 우리나라는 전문의의 정밀진단을 통해 일부 정신장애인은 운전면허를 취득할 수 있게 됐다(도로교통법 제90조). 하지만 6개월 이상 치료를 받은 정신장애인은 경찰이 의료기관으로부터 수시적성검사를 받도록 규정하고 있다. 6개월이 기준이 되는 이유는 6개월 이상 정신질환이 완화될 경우 큰 교통사고 감소율을 보이기 때문이다(강현구 외, 2018, 재인용). 안전 운전을 위한 철저한 규정에도 불구하고, 대중들은 아직 정신장애인이 운전하는 것에 대한 두려움은 여전히 남아 있다. 2019년 6월경 '조현병을 가진 운전자'가 고속도로에서 역주행한 사고를 통해 많은 언론은 사고를 낸 운전자의 '조현병'을 강조했다. 정신장애를 부각시키며, 교통사고의 주요한 원인으로 돌리고 있다. 조현병을 교통사고의 주요한 원인으로 대하는 여론과 대중적 태도는 정신장애를 더욱 부정적이고, 혐오를 가져다주는 원인으로 인지하게 만든다. 이로 인해 언론의 정신장애인에 대한 신중한 보도와 접근이 필요하며 선정적인 기사를 통해 단지 시선을 끌고자 하는 옐로우저널리즘의 폐단과 행태는 근절되어야 한다고 본다.

정신장애인은 나보다 열등한 사람이라는 편견을 갖고 있다. 정말 말도 안되는 편견이라고 생각한다. 정신장애인의 경우 뛰어난 분들이 너무나 많다. 에이브러햄 링컨은 미국의 존경받는 인물이지만 간혹 자살을 생각했으며 우울증으로 고통받았다고 한다. 버지니아 울프는 양극성 장애 조울증을 경험했다. 유명한 극작가인 유진 오닐 역시 우울증으로 고통받았가고 한다. 루드비히 판 베토벤 역시 화려한 작곡가의 이면에 가려진 양극성 장애를 경험했다. 이처럼 정신적 장애를 가졌지만 위대한 역사적 업적을 이룬 인물들이 너무나 많다. 이외에도 로버트 슈만, 레오 톨스토이, 존 키츠, 테네시 윌리암스, 빈센트 반 고흐, 아이작 뉴턴, 어니스트 헤밍웨이, 윈스턴 처칠 등이 비슷한 질병으로 고통받았지만 자기를 이겨내고 역사적 업적을 이루었다.

정신장애인은 대인관계가 어렵다는 편견을 갖고 있다. 물론 보통 사람의 시선엔 정신장애를 갖고 있는 분들이 대인관계를 못할 거라고 생각하겠지만 실재 자신의 치료사실을 밝힐 경우 괜한 오해나 편견에 시달릴 것을 두려워하여 숨기고 사회생활을 하지만 전혀 대인관계에 문제없이 잘 지내는 분들이 많다. 이러한 색안경이 얼마나 자신은 물론 상대에게 피폐를 끼치는지 다시 한 번 고찰해야할 부분이라고 생각한다.

정신장애인은 특별한 사람만이 걸리는 질병이라고 생각하는 점이다. 하지만 절대 그렇지 않다. 물론 유전적 요인도 어느 정도 작용하는 부분이 있고 이러한 부분이 외부의 환경적 요인이 크게 작용하지 않는다면 쉽게 넘어갈 수 있겠지만 행여 외적인 자극이나 스트레스가 한계치를 넘어가면 일명 발병이 시작된다. 물론 보통 사람들도 당연히 자신이 견딜 수 없는 상황에 도달하며 정신장애를 겪을 수 있다. 누구나 겪을 수 있는 이러한 정신장애를 이제는 특별한 것으로 생각하는 사회적 편견에서 벗어나야 한다. 더구나 증상의 치료가 끝난 이후 다시 사회에 복귀하려고 할 때에도 정신질환에 대한 부정적인 편견이 장기입원을 조장하거나 재입원을 부추기게 된다. 결국, 정신질환자는 지역사회에 통합되지 못하고 소외될 수밖에 없으며, 이는 다시 정신질환자에 대한 부정적인 인식과 태도를 심화시키는 악순환구조를 만들게 된다. 또한, 정신질환을 가진 사람들 스스로 남들이 자신을 거부하고 배척할 것이라는 자격지심을 가지게 되면서 사람들과의 관계형성에 부담을 느끼게 되고, 이로 인한 대인 관계의 위축, 삶의 만족도 저하, 직업획득의 기회 감소로 인한 경제적인 수입 저하 등 점차적으로 사회구성원으로 서의 지위를 상실하는 결과로 이어지게 된다. 정신질환자들이 경험하는 낮은 사회적 지지는 자존감의 저하를 가져오게 되고 일상생활능력이나 사회기술을 습득할 기회를 스스로 상실하거나 박탈당하게 되면서 정신질환의 재발과 재입원의 악순환이 되풀이될 수도 있다.

나가며

일반인들은 여전히 정신질환자들을 두려움이나 공포의 대상으로 인식하고 있으며, 정신질환을 다른 사람들에게 알리기에 수치스러운 질환으로 여기고 있는 것으로 조사되고 있다. 정신질환에 대한 사회적 편견이 중요한 이유는 개인의 인생뿐만 아니라 가족, 지역사회, 더 나아가 국가적으로 막대한 영향을 미치기 때문이다. 먼저, 사회적 편견은 개인의 삶에서 취업이나 대인관계 등 여러 측면으로 영향을 주기 때문에 정신질환을 앓고 있더라도 정신의료기관에 가서 진단을 받는 것에 대한 두려움이 있으며 이는 정신질환의 예방과 조기발견 및 조기치료에 장해요소로 작용한다. 편견을 해소하기 위한 방안을 편견을 형성하는 기제를 거꾸로 접근하여 찾는 것도 한 가지 방법이 될 것이다. 사회문화적 학습이론에 의한 편견의 획득기제를 응용한다면, 정신장애자에 대한 올바르고 정확한 정보를 제공하여 장애인에 대하여 부정적 편견을 가진 사람들에게 교육하는 것이 바람직할 것이다. 앞에서 언급한 장애자들도 정상인들과 같은 자존감을 가지고 있다는 사실은 정상인들이 알아야할 장애인에 대한 정확한 정보인 것이다. 정신장애인들을 보통 사람들이 직접 접하게 하는 것과 정신장애인에 대한 올바른 정보를 제공하는 것이 별개의 것이 아니라 이 두 가지 작업은 함께 병행하여 서로 보완하거나 피드백 하게 하여 그 효과를 상승시키도록 하면 좋을 것이다. 이제는 우리 모두가 마음에 심하게 드러워진 색안경을 과감하게 벗어던지고 우리 모두가 정신장애인을 나의 형제나 자매나 부모님으로 생각하고 사회에 다시 적응할 수 있도록 마음의 장벽을 걷어내야 한다. 정신장애인은 특별한 사람이 걸리는 것이 아니라 누구나 걸릴 수 있으며 그렇게 호언장담하던 나마저도 걸릴 수 있기 때문에 우리 모두가 품고 보듬어줘야 할 대상이라고 생각하며 이러한 부정적 시선을 걷어내는데 이제는 언론이 동참해야 한다고 생각한다. 선정적 기사는 자제하고 올바른 보도를 통해 편파적인 편견과 부정적 시선을 갖지 않도록 노력해야 할 것이다.

우리나라 인권 및 시민권에 대한 단상

세계는 바야흐로 지구촌이 되어가고 있고 각국의 정치와 경제는 그 한 나라에만 국한된 것이 아니라 상호 밀접한 연관성을 지니고 영향을 끼치고 있다. 최근 우리사회는 지구화 또는 지구촌화로 인해 이주노동자, 결혼이주자, 난민을 비롯한 다양한 집단들의 인권 및 시민권을 둘러싼 다양한 문제점들을 저하고 있다. 이는 기존에 우리나라가 나름 자랑으로 생각한 단일만족에 견주어 새로운 현상으로 많은 이질감을 만들어내기에 문화현상적인 측면에서 폐쇄성의 사회에 잔잔한 파문을 일으키고 있다. 그렇다고 이러한 현상을 터부시하고 무시하기엔 우리사회가 너무나 다양한 인종과 계층이 공존하여 이제는 부인할 수 없는 다문화사회가 되고 말았다. 다문화사회가 되었다는 말은 이제 단일민족의 프레임이나 바운더리에서 벗어나 좀더 포괄적이고 새로운 시선으로 우리사회를 바라봐야 한다는 의미이고 다민족 사회를 받아들일 준비를 해야 함을 의미한다. 하지만 아직도 여전히 기존의 단일민족 한계에서 벗어나지 못하고 이제는 인정을 해야하는 이주노동자나 결혼이주자, 난민을 우리사회의 일원으로 받아들이지 못해 많은 문제점을 낳고 있고 특히 인권이나 시민권을 비롯하여 많은 문제점을 양산하고 있다. 이로 인해 코리안드림을 꿈꾸며 한국 사회에 정착하고자 하지만 언어적인 이질감은 물론 문화적 격차, 심리적인 어려움으로 한국을 떠나는 사례가 빈번하며 행여 증가하는 이주 노동자, 결혼 이주자, 난민 등 다양한 집단들의 인권 및 시민권을 둘러싼 여러 문제로 일찍이 경험하지 못했던 현상을 목격하고 있다. 이러한 현상은 단일민족, 단일문화의 이데올로기 속에서 비교적 폐쇄된 민족 공동체 생활을 영위해 왔던 우리 사회에 새로운 도전을 던져주고 다문화 ,다민족 시대를 열어가는 계기가 되었다. 한국에 체류하는 경우에도 한국사회의 일원으로 정착하기보다는 표류하는 현상인 장기불법체류자가 되어 사회로의 통합을 저해하고 있다. 이제는 이러한 인권문제를 보다 원점 선상에서 고심하고 이를 해결해야 할 시간이 다가왔고 이에 대한 면밀한 검토가 필요하기에 이에 본 고에서 이에 대한 해결책을 모색하고자 한다.

1. 이주노동자, 결혼이주자, 난민을 둘러싼 인권 및 시민권 문제

오늘날 세계 상황을 묘사하는 '지구화(globalization)'라는 개념은 두 가지로 해석할 수 있다. 하나는 지구적 관점에서 볼 때 세계가 서로 연결되어 거대한 하나의 분석 단위가 되었다는 것이고, 다른 하나는 지구적인 것과 지역적인 것이 서로 밀접하게 연결되었다는 것이다. 특히 후자의 경우를 '지구 지역화(glocalization)'라 부를 수 있는데, 이것은 지구성과 지역성이 상호침투하는 변증법적 과정을 뜻한다. 오늘날의 지구사회에서 지역적인 것은 이미 지구성을 전제하고 있고, 이와 동시에 지구성은 지역적인 것을 통해서 자신을 표출한다. 경제적으로, 지구화는 상품과 서비스, 그리고 자본, 기술, 자료의 경제적 자원을 포함한다. 또한, 세계 시장의 확대와 함께 재화와 자금의 교환 경제 활동을 자유화한다. 장벽을 제거함으로써 세계 시장의 형성이 더욱 실현 가능하게 되었다. 세계화와 세계 경제 발전에 미치는 영향 증기기관차, 증기선, 제트 엔진, 컨테이너선은 운송수단의 발달의 일부일 뿐만 아니라 전보와 그것의 현대적 자손인 인터넷과 이동전화의 출현은 통신 인프라의 발전을 보여준다. 이러한 모든 개선은 지구화의 주요 요인이었으며 전 세계 경제 및 문화 활동의 상호의존성을 더욱 증가시켰다. 지구화는 초국가적 자본의 흐름, 위성과 인터넷의 발달, 문화적 거리의 소멸 등에 의해 영향을 받았다. 지구화는 "초지역적 상호연결성과 사회적 활동 및 권력의 네트워크 확장, 그리고 원거리 행위의 가능성"을 구체적으로 표현한 것이다.

이러한 지구화에 힘입어 결혼이주자, 이주노동자, 난민이 발생하게 되었다. 우선 이주노동자에 대해 살펴보면 다음과 같다. 취업자격을 갖춘 이주노동자를 살펴보면 국내 외국인노동자의 90% 이상이 단순 기능 인력으로 구성되어 있으며 합법 체류 자격을 갖추고 있다. 물론 데이터상 잡히지 않는 다수의 불법체류자도 많으리라 생각한다. 외국인근로자의 고용 등에 관한 법률 제2조에 따르면 '외국인노동자'는 대한민국의 국적을 가지지 아니한 자로서 국내에 소재하고 있는 사업 또는 사업장에서 임금을 목적으로 근로를 제공하고 있거나 제공하고자 하는 자를 말한다. 외국인노동자는 우리나라 법률에서 규정한 용어이며 그 외에도 이주노동자(ILO)라는 표현도 함께 사용되고 있는데 이주노동자란 표현은 국제기구 등에서 일반적으로 통용되는 용어이다.

UN(국제연합)의 국제이주노동자권리협약은 외국인노동자 혹은 이주노동자란 용어가 차별적 요소를 가지고 있으므로 이주노동자란 용어를 채택하고 있다. 동협약 제1조1항에 따르면 이주노동자란, 그 사람이 국적국이 아닌 나라에서 유급활동에 종사할 예정이거나 이에 종사하고 있거나 또는 종사하여 온 사람으로 정의하고 있다. UN 이주노동자의 개념은 광의적 정의라고 할 수 있으며 불법이주자까지 포함하는 경향을 가진다. ILO(국제노동기구) 불법이주 및 이주노동자의 기회 및 처우 균등의 촉진에 관한 협약 제11조에서는 자기 이외의 자를 위하여 고용될 목적으로 일국으로부터 타국으로 이주하는 자로 개념정의하고 있으며 이주노동자로서 정상적으로 입국이 인정되는 자로 규정하면서 고용의 목적을 분명하게 명시한 점과 불법적 입국한 이주자를 이주노동자로 포함하지 않는 특징을 가지고 있다. 이주노동자의 법적 지위에 관한 유럽협약 제1조에서는 이주노동자를 고용의 대가로 임금을 받기 위하여 다른 체약국의 영역에 머물도록 허가를 받은 어느 체약국의 국민으로 규정한다. 우리나라 외국인근로자의 고용 등에 관한 법률(이하 '외국인고용법') 제2조에 따르면 '외국인근로자'는 대한민국의 국적을 가지지 아니한 자로서 국내에 소재하고 있는 사업 또는 사업장에서 임금을 목적으로 근로를 제공하고 있거나 제공하고자 하는 자를 말한다. 우리나라에 이주노동자가 유입되는 과정은 국내 노동시장의 수요에 대한 반응으로 이해할 수 있다. 1987년 '노동자대투쟁' 이후 노동자의 임금이 급격히 상승하였고 중소기업과 대기업의 임금격차가 커지면서 중소기업 생산직 인력난이 점점 심화되고 1990년대 주택건축 붐으로 건설노동자의 수요가 급증하면서 외국인 스스로 한국에서의 근로를 위해 입국하는 현상이 발생하였다. 하지만 이들에 대한 사회적 대우는 우선 차별적 시선과 편편견이 강하게 자리잡고 있다. 또한 이들은 법의 사각지대에서 인격적인 대우를 받지 못하는 경우가 많다. 이주노동자에 대한 가장 심각한 문제를 살펴보면 당연히 이들에 대한 비인간적인 대우라고 생각한다.

한편, 한국의 다문화사회화 과정에서 결혼이주여성에 대한 한국인들의 우호적인 관점과는 달리 이주노동자에 대해서는 긍정과 부정적인 관점이 혼재되어 나타난다. 이주노동자는 우리나라 근로자들이 외면하는 열악한 작업환경 소위 3D직종에 고용되어 '우리나라 산업발전과 경제성장에 기여한다'라는 긍정적인 인식이 있는 반면 이주노동자가 우리나라 근로자의 일자리를 뺏고 있다라는 인식이 말해주듯이 부정적인 인식도 공존한다. 이처럼 이주노동자에 대한 모순된 인식은 이주노동자의 권리(인권, 노동권 등)에 대한 규정, 이주노동자 정책, 다문화사회통합 정책에 영향을 미치고 있다.

우리나라 노동시장의 수요에 따른 이주노동자의 유입은 국내의 필요에 의하여 발생한 자연스러운 현상이지만 이주노동자에 대한 사회적 인식은 열악한 작업환경하에서 이루어지는 장시간저임금 노동이며 이주노동자에 대한 법적 권리나 정책관점에서 합의를 가지지 못한 과도기에 머물러 있다.

2. 다양한 집단들의 여러 문제를 해결하기 위한 대응방법

우선은 이주노동자를 비롯한 결혼이주자, 난민에 대한 사회적 편견과 차별을 없애기 위한 캠페인을 비롯한 다양한 활동이 필요하다고 생각한다. 그리고 이들을 도와주는 다양한 사회기관이나 조직이 절실히 필요하다. 이제는 이들을 우리사회의 일원으로 받아들이기 위한 끊임없는 노력이 필요하다. 이들이 없다면 과연 한국사회가 제대로 돌아갈 수 있을지 심도깊은 고민을 해봐야 한다. 이주노동자들의 이주과정에서 역할을 담당하고 있는 사회적 연결망의 수준은 아직까지 비공식적인 모임이나 커뮤니티와 같은 형태에 머물러 있는 것으로 보이며 지속적으로 본국과의 화상채팅과 동족과의 만남 등에 집중되는 경향, 즉 일시적 이주노동자의 모습이다. 직업소개중개인 역시 중국인노동자 시장 이 외에는 영리적인 기업형태로 발전되지 못하고 있다. 외국인 노동자 결혼이주자들을 한국사회에 연결할 수 있는 다양한 기관이 절실히 필요하다고 생각한다.

노동력과 기술의 상호교환은 세계 어느 노동시장을 보아도 일반적으로 높아지고 있는 추세이고 앞으로 한국 사회도 고령화의 진전과 출산력의 감소로 인한 노동력의 감소, 그리고 높아진 생활수준과 교육수준으로 인해 이를 보완하기 위해 외국 노동력의 수입은 어쩔 수 없는 현상이다. 나아가 2020년에 사망자 수가 출생아 수를 넘어서는(-3만3천명) 데드크로스 현상이 처음 발생했으며, 지난해에는 국내 거주 외국인까지 감안한 총인구 감소 현상까지 벌어졌다. 인구 감소로 생산가능인구 또한 가파르게 줄어 2020년 3천737만 명에서 2025년 3천561만 명으로 5년 새 무려 176만 명이나 감소할 것이라는 전망도 나온다.

이제는 바야흐로 인구 감소로 인한 생산인구 감소 문제에 대처하기 위해 외국인력 도입을 확대하고 전향적인 이민 정책을 도입하는 등 적극적인 대응책 마련에 나서야 한다. 단일민족이라는 것만 강조할 것이 아니라 현실을 직시하여 이주노동자와 결혼이주자, 난민 등을 단순히 우리사회를 좀먹고 일자리를 빼앗는 낯선 타인으로만 생각하는 편협한 사고에서 벗어나 우리와 함께 대한민국 코리아를 동반성장시키는 파트너십으로 인정하는 사고의 전환이 절실히 필요하다. 그리고 이러한 귀중한 이주민들이 없다면 과연 한국사회가 제대로 돌아갈지 고심해보고 이들의 인권과 시민권을 보장할 수 있는 다양한 정책과 방안이 모색되어야 한다.

구체적인 정책으로는 다문화 인식 개선과 다양성 교육을 위한 '차별금지법' 제정과 이민 관련 전담 기구인 '이민청' 설립을 통해 다문화 사회의 토대를 쌓아야 한다. 법무부와 고용노동부, 여성가족부, 행정안전부 등으로 나뉜 다문화 관련 정책을 총괄할 '이민청'을 설립해 정책 중복을 줄이고 효율을 높여야 한다. '이민 기금'은 국민 세금이 아닌 외국인이 낸 수수료와 과태료 등을 재원으로 삼아 외국인을 위한 정책 예산을 마련하자는 취지로, 그간 학계에서 여러 차례 제기됐는데 제도적 방안을 마련하기에 앞서 이민 문제에 대한 정밀한 분석과 공론화를 통해 국민적 합의를 끌어내야 한다. 그리고 이민자를 어떻게 관리·활용하고, 내국인과 어떻게 함께 살도록 할지 우리 사회가 고민해야 하며 이민자 등의 사회 통합을 지원하는 '사회통합기금' 조성이 필요하다. 외국인 노동자의 활용과 관련해 기존 고용허가제 대신 '노동 허가제' 도입 등 개선이 필요하다. 사업주에게 외국 인력 고용을 허가하는 게 아니라, 일정 자격을 갖춘 외국인에게 한국에서 일할 수 있도록 허가하자는 것이다.

이를 통해 외국인 노동자의 처우 개선 등의 효과는 물론 숙련 인력을 확보하고, 갈수록 부족해지는 생산가능인구를 확충하는 효과도 거둘 수 있다. 이주민 혐오 해결을 위해서 차별금지법 제정도 필요하다고 생각한다. 구체적으로는 최초 5년간의 노동 기간과 이후 영주 자격 신청을 허용하고, 사업장 이동 자유, 노동3권, 가족 결합권 등을 보장해야 한다.

대선 기간 중 이주노동 단체들은 이주민 정책 공약을 수립하라고 촉구하면서 이민 전담기관 설립과 노동 허가제 도입 등을 요구한 바 있다. 이제는 우리모두 외국인 노동자를 비롯한 이주민은 이웃사촌으로 여겨야 하고, 역사적으로도 이주민을 포용했던 나라는 강대국이 되었기에 외국인력 제도를 전면적으로 개편해 중소기업의 발전을 도모하고, 농축어업 등 생활산업을 확고히 해야 한다. 아울러 단지 우리와 피부색이 다르고 다소 어눌한 한국어를 사용한다고 이들을 차별할 것이 아니라 우리나라 국민이 기피하는 정말 힘들고 어려운 직종에서 대한민국의 한 일원으로 힘겹게 살아가고 노력한다는 사실에 감사하는 마음을 가져야 한다.

나가며

이상으로 이주노동자, 결혼이주자, 난민을 둘러싼 인권과 시민권 문제를 면밀히 검토해보았다. 여기에서 공통으로 드러난 문제는 바로 한국의 경우 코로나19 장기화가 그동안 사회에서 소외됐던 소수집단에 더 큰 영향을 줬는데 특히 이주노동자의 경우 지난해 코로나19 진단검사 강제 행정명령이 내려진 점(이후 철회), 저소득층 임시비자 이주노동자를 재난지원금 지급 대상에 제외한 점은 정말 아쉬운 부분으로 남는다. 이들 역시 이제는 한국의 일원으로 받아들이고 이들에 대한 처우개선이 절실하다고 생각한다. 그리고 이제는 화성외국인보호소에 구금된 외국인에게 '새우꺾기' 등 가혹행위를 저지르거나 외국노동자를 함부로 대하고 이들을 차별하고 무시하는 사회적 분위기에서 벗어나 따뜻한 이웃으로 받아들여야 한다.

한국의 여성정책에 대한 단상

1970년대 말 이후 선진자본주의의 경제의 위기와 재구조화의 흐름은 복지국가를 위기로 몰아넣었고 신자유주의적인 방향으로 복지국가를 재조직할 것을 강요하였다. 이는 모성보호를 비롯한 여성정책에도 직접적인 영향을 미쳤다. 신자유주의를 택한 미국이나 영국 등에서는 여성정책이 축소되거나 발전이 정지되는 등 소극적인 방향으로 전환하였다. 한국 역시 1980년대를 중심으로 정치적 헤게모니를 장악했던 신자유주의가 아직 복지국가의 경험이 전무한 1990년대의 한국사회에 몰역사적으로 적용되었다. 이에 여성 복지 관련 정책은 오히려 권위주의적 성장주의의 보조 수단 정도로 인식되었고, 관련 예산의 상대적 비중은 줄어드는 등 시대착오적 국정 운영이 이루어 졌다. 여성정책은 이해관계를 가지고 있는 무수한 행위자들간의 정치적 역학관계의 과정에서 만들어진다. 여성정책과 관련된 핵심적인 행위자는 국가, 시민사회, 여성노동, 자본이라고 할 수 있다. 1980년대 초반 이후 신자유주의적 이념의 부상과 공산주의 몰락으로 인한 자본주의 전일체제의 등장은 세계를 이전과 다른 흐름으로 가게 했다. 이에 탈물질주의적 정책사고가 부각되기 시작하였으며, 그로 인해 복지국가의 성격 규정도 달라질 수 밖에 없었다. 정책 환경이 변화함으로써 좌 우파 구도의 범위 속에서는 중요시 되지 않았던 새로운 문제들이

전면에 대두되기 시작했다. 즉 환경문제, 여성문제, 인권 문제 등과 같은 초계급적인 탈물질주의적 이슈가 쟁점화 되어지기 시작한 것이다. 이는 물질주의적 정책 사고에서 탈물질주의적정책사고로의 가치변화가 일어났음을 뜻한다. 사회민주주의자들은 이러한 정책적 쟁점사항들에 효과적으로 대응할 수 있는 이념적 틀을 가지고 있지 않았고, 따라서 복지국가의 기본 틀을 수정해야만 했다. 1980년대 이후부터 확산되기 시작한 각 나라의 여성정책에 대한 관심 역시 이러한 새로운 정책사고의 확산에 대응하기 위한 국가적 차원의 노력이라 할 것이다.

여성정책에 개념적 논의가 분분하기는 하지만 대체로 여성의 기본적인 인권과 남녀평등의 실현을 목표로 여성의 억압이나 성차별과 같은 여성문제를 개인적 차원이 아닌 사회적, 국가적 차원의 문제로 인식하고 이를 해결하려는 행동계획으로 정의될 수 있다. 그러므로 여성정책이란 정치, 경제, 사회, 문화 등 모든 분야에서 여성의 지위와 권익을 향상시켜 남녀가 평등한 사회를 이룩하려는 포괄적인 국가정책을 의미한다. 국가정책의 한 부분으로서 여성정책은 여성의 복지증진 및 삶의 질의 향상을 추구한다. 국가의 여성정책구성에 있어, 궁극적으로 추구하는 남녀평등의 이념이나 여성해방 및 여권론의 입장에 따라 여성정책의 방향설정 및 추진전략에 차이를 낳을 수 있다. 여성정책의 궁극적인 목표가 남녀 평등한 사회의 실현에 있다고 볼 때, 사회가 달성하고자 하는 이상적인 평등과 여권론적 관점에 따라, 여성정책의 의미와 추진 방향들을 분류해 볼 수 있다.

첫째, 자유방임주의적 여권론은 여성억압이 국가 개입때문이라고 보기 때문에 국가에 의한 정책추진은 필요 없다고 보고 복지향상을 위한 제도적 차별을 시도하는 국가의 개입을 반대하는 입장이다. 이러한 시각은 남녀의 생물학적 차이를 인정하여 전통적인 성 역할의 분담을 당연히 여기고 이를 여성해방의 상태라고 보는 입장이다. 이들은 능력이 있는 여성의 노동시장진출을 위한 최소한의 국가 개입과 자연상태의 모성육성을 위한 평등권에 최소한의 국가 개입이 있어야 한다고 주장한다.

둘째, 자유주의적 여권론은 여성과 남성이 동등한 사회적 지위를 보장받아야 한다는 전제 아래 법 앞의 평등을 강조한다. 이를 위해 선거에서의 참정권 확보나 교육, 고용에서의 평등 등이 주요 정책 목표로 설정되며, 이들의 실현을 위해 성차별적인 법의 개정이나 평등한 기회와 권리를 제공받을 수 있는 법의 제정을 통하여 사회 개혁을 추진한다. 예를 들어 고용의 경우에 있어 많은 여성들이 고용기회에 접근하는데는 평등을 보장받았으나 자신들이 가진 경력이나 가정에서의 역할 때문에 실질적으로는 평등한 기회를 얻기 어렵기 때문이다.

셋째, 복지주의적 여권론을 모성의 권리를 우선 인정하고 모성 기능의 보호를 주장함으로써 여성의 사회복지 서비스의 확대를 요구하는 관점으로 영국의 비버리지 보고서를 통해 복지국가 형성기에 반영되었다. 이 관점은 주부와 어머니로서의 기혼 여성이 처하게 되는 모성의 보호와 출산 과정 으로 부터 건강한 아동 양육에 장애가 되는 각종 생활 상의 위험에 대처하기 위해 사회복지 혜택을 제정하여 사회적 재생산에 대한 충분한 고려를 보장해 줌으로써 여성의 경제적, 사회적 지위를 향상시켜야 한다는 입장이다. 그러나 복지주의적 여권론은 여성억압의 원인이 여성의 중요한 기능인 사회적 재생산인 출산과 양육에 대한 물질적 보상이 없는 데서 비롯한다고 보고, 모성 및 아동보건 서비스에 정책의 초점을 맞춤으로 이는 생물학적 결정론을 받아들여 기존의 고정된 성별 역할분담을 오히려 강화시킨다는 비판을 받는다. 따라서 이러한 입장은 점진적 개혁의 방향이 여성의 사회적 재생산의 가치를 하락시키는 근본적인 사회경제적 구조에의 도전으로 이어지지 못하고 기존의 사회경제적 질서내에서 여성의 사회적 재생산의 역할을 더욱 잘 하도록 도와주는 데 그치고 있다는 점에서 고정된 남녀간의 역할 분담을 오히려 강화시킨다는 비판을 받고 있다.

넷째, 사회주의적 여권론은 여성에 대한 억압이 근본적으로 자본주의의 발달과 자본주의적 전통적 가부장제의 결합에 의하여 심화되었다고 본다. 사회주의적 여권론은 복지주의적 여권론으로는 여성의 불평등 문제를 해결할 수 없다는 입장으로 생산관계, 자녀출산, 사회화, 성관계 등의 변혁을 통하여 여성문제를 해결하려고 한다. 이러한 사회주의적 여권론에서의 여성복지전략은 기본적으로 여성이 전형적인 사회적 재생산의 역할에서 벗어날 수 있도록 하는 것이며, 구체적으로 이러한 노력은 사회 보장분야에서 여성에게 독립적이고도 남성과 동등한 수혜 자격을 부여한다든지, 남성과 여성, 아동으로 구성되는 전통적 가족 형태를 전제로 한 복지 혜택을 비 전통적인 편모, 편부, 독신가정에게로 확대한다든지, 출산이나 아동, 장애인, 노인을 보살피는 것에 대한 휴가나 금전적 복지혜택을 남성에게도 확대한다든지 또는 양육의 사회화를 실시하여 가족 양육 부담이 여성의 신체적 특성에 연계되는 것을 방지하는 내용으로 나타나고 있다. 아직까지 현재 추진하는 한국의 여성정책의 방향은 자유주의적 여권론에 가까우며, 복지주의적 여권론으로 가는 길목에 있다고 여겨진다. 즉 여성정책에 대해 한국의 국가는 아직까지 규제자 또는 집행자보다는 법제도를 만드는 소극적 개입의 규칙제정자의 역할에 머무르고 있다고 할 수 있다.

한국의 경우 여성노동계가 가장 먼저 주력한 문제는 모성보호조치를 확보해내는 것이었다. 여성노동계가 1990년을 '모성보호의 해'로 정한 이후부터 여성노동계와 자본계 사이의 입장이 팽팽히 맞서고 있다. 특히 최근에 들어 모성보호정책 확대 방안을 두고 정부와 여성노동계, 여성단체를 포함한 시민단체, 재계간의 상반된 관점과 이해 관계로 첨예하게 대립하고 있는 실정이라고 할 수 있다. 국가정책의 기본방향은 개별 법에 구체화되어 나타난다. 한국의 모성보호정책도 관련법에 명시적으로 규정되어 있다. 모성보호정책의 내용을 담은 법은 근로기준법, 남녀고용평등법, 여성발전기본법 등이다. 근로기준법의 적용대상은 상시 5인 이상의 근로자를 사용하는 모든 사업장으로 정해져 있고, 남녀고용평등법의 적용대상은 근로기준법의 적용을 받는 사업 또는 사업장으로 규정되어 있다. 또한 그 적용대상 역시 근로기준법의 적용을 받는 여성으로 한정하고 있다.

한국의 경우 남성의 연령별 경제활동 참가 형태는 역U자의 모습을 그리고 있는 반면 앞서 언급한 바와 같이 여성의 경우 저연령부터 경제활동참가율이 증가하다가 결혼과 육아의 시기인 25~29세와 30~34세 여성의 경제활동참가율은 큰 폭으로 감소하여 다시 임신, 출산, 육아 등에 의한 가사노동의 부담이 줄어들기 시작하는 연령부터 경제활동참가율이 완만하게 증가하다가 40~44세 이후 다시 감소한다. 즉 여성의 생활주기와 취업의 관계를 보면 M자형 곡선의 형태를 보이고 있다. 이는 출산과 자녀 양육의 문제로 여성의 노동시장참여가 방해를 받고 있음을 뜻하며, 여성이 결혼 후에도 계속적으로 취업할 수 있는 국가적 차원의 시설의 확충과 제도적 지원이 부족함을 의미한다.

여성이 결혼 후에도 계속 취업하기 위해서는 스웨덴에서처럼 모성보호와 가족보호의 사회화가 필요하다. 이제는 부부 모두가 경제적 부양의 역할을 담당함에도 불구하고 가족보호의 책임은 여전히 여성의 몫이다. 실제로 기혼 여성 근로자가 보고하는 가장 큰 애로점은 이들이 가사와 자녀양육(가족보호)에 대한 과중한 부담을 지고 있다는 점이다. 이러한 경향은 여성양육자/ 남성부양자(남성=임금노동자, 여성= 가사노동자)로 보는 가부장적인 이데올로기에 기초하여 가족보호의 업무를 경시하는 것에서 기인된다. 즉 여성은 가정에서 자녀 양육에 전념하고 남성은 가족을 부양하는 재정적 책임자로서 가정밖에 직장에서 일하는 전통적인 가족 모습의 전제 아래 이에 대한 정책적 배려가 미약하다. 한국에서 가족 정책은 국가의 정책대상이기보다 아직 가족의 사적 기능으로 간주되는 경향이 크다. 따라서 한국에서 여성의 일과 가정생활의 조화라는 관점에서의 가족정책은 초기단계에 있다고 할 수 있다.

한국의 경우, 남성가장의 경제적 역할과 여성의 집안에서의 역할을 강조하는 전통적인 가부장적 이데올로기에 기초하여 부부 모두가 경제적 활동을 하고 있음에도 불구하고 자녀 양육의 책임은 여전히 여성의 몫이다. 또한 한국에서의 가족 정책 아직까지 초기 단계로서 한국에서 가족 정책은 국가의 정책대상이기보다 아직 가족의 사적 기능으로 간주되는 경향이 크다. 따라서 여성의 고용을 보장하며, 직장과 가정의 일을 병행할 수 있도록 도와주는 여성친화적인 정책은 개발되지 못하고 주고 남성위주의 수입유지와 직업보호가 강조되어 왔다. 한국 여성의 노동시장에서 참여가 생애주기에 따라 M자 형태를 보이는 것은 가족보호의 업무 중 특히 자녀출산과 육아의 부담요인의 중요성을 시사한다. 반면, 오늘날 스웨덴은 탈가족주의로서 여성 역시 일하는 dual- earner를 가정하고 있으며, 오늘날 전형적인 스웨덴 가족은 두 명의 일하는 부모와 국가가 지원하는 탁아소에 있는 자녀로 구성된다. 아내와 어머니로서 여성에게 요구되는 가정 내 역할을 국가와 사회가 떠안는 방식으로, 자녀 양육의 사회화에 적극적인 노력을 하고 있다. 또한 부모휴가제를 제정 실시하여 자녀양육은 남녀공동의 책임이며, 사회활동 역시 남녀 모두의 권리라는 사회적 합의를 이루어낸 전통적인 성역할을 극복하는데 결정적으로 기여하였다. 스웨덴 정부의 적극적 형태의 가족정책으로 자녀 양육의 문제가 더 이상 스웨덴 여성의 노동시장 참여의 장애 요인이 되지 않음을 의미한다.

나가며

요약하면, 한국은 육아, 자녀 양육 등의 문제를 기혼 여성노동자 개인의 문제나 개별 가족의 문제로 보는 경향이 지배적이며,

가족정책을 실시하는데 있어 사장원리에 따른 수익자부담원칙을 바탕으로 하는 경향이 강하다. 이와는 대조적으로 스웨덴의 경우 사회민주당의 집권 하에서 여성의 노동권을 보장해왔으며 보육정책에 있어서도 공적 보육의 입장을 채택하며, 국가가 그 비용을 부담하고 있다. 따지고 보면 우리 나라도 국가 정책에 여성의 관점과 욕구를 반영하기 위한 노력을 상당히 기울인 것이 사실이지만 사실 아직 만족스럽다고는 할 수 없다. 여성이 삶이 바뀌어야 사실 남성의 삶도 바뀌는 것이 사실이다. 요즘 한국사회는 자녀양육과 관련하여 직업을 가지 여성들은 대체적으로 본가보다는 친정에 의존하는 성향을 보이며 모계사회로 회귀하는 것이 아닌가 많은 여론이 쏟어져 나오고 있다. 이러한 사회적 분위기에 편승해 호주제가 폐지되면서 부계혈통주의에 새로운 패러다임을 형성하기 시작했고 이제 성역할에 있어서의 고정관념 역시 바뀌고 있는 추세이다. 하지만 여전히 민법 제 778조는 당사자의 의사와 자결권을 외면한 채 법률로 호주의 지위를 강요한다는 점에서 개인존엄에 반할뿐 아니라 호주지위의 획득에 있어 남녀를 차별하고 있기에 앞으로 이러한 법적인 문제부터 개선되어 진정한 의미에서의 남녀평등이 법적으로 문서화되어 여성도 가구주로서 가장의 역할을 하게금 하거나 성별을 떠나 남녀가 평등하게 존중되는 민주적인 관계로 변모될 필요가 있다고 생각한다.

현대인의 범죄 및 범죄학에 대한 단상

범죄학 이론은 크게 고전주의 범죄학, 실증주의 범죄학, 그리고 비판범죄학의 3가지로 나눙어진다. 각 시대별로 다양한 학자들과 이에 따른 주장과 견해들이 제시되어 왔고 이러한 각 학계의 주장을 하나하나 면밀히 살펴봄으로써 의의를 찾고자 한다.

1. 고전주의 범죄학(classical criminology)

고전주의범죄학은 18세기 후반 계몽주의, 자유주의, 인도주의, 공리주의 사상을 배경으로 당시의 형사사법제도의 전단적인 경향을 반대하고 법과 정의의 실현을 이성과 인권에 기초해야 한다는 사상에서 기원한다. 고전주의범죄학은 범죄자 개인이 아니라 형법 및 형사행정체계의 개혁에 초점을 두고 있다. 따라서 고전주의범죄학은 범죄원인보다는 주로 사회통제에 그 연구의 초점을 둔 거시적 · 정치적인 이론이다. 고전주의범죄학은 사람들은 욕구충족이나 문제해결을 위한 방법으로 범죄 또는 범죄 이외의 방법을 선택할 수 있는 자유의지를 가지고 있다는 자유의사론을 전제로 하고 있다. 이러한 자유의사론은 범죄인에 대한 행위책임을 묻기 위한 전제로서 죄형법정주의·책임주의를 강조하는 객관주의 형법이론의 이론적 배경이 된다.

고전주의 범죄학은 범죄행위를 사람들이 범죄에 의한 위험과 이득을 합리적으로 계산한 결과 선택한 행위로 보았다. 즉 인간은 자유의지에 따라 합리적으로 계산 할 수 있다고 전제하고 인간의 쾌락주의적 성격을 범죄의 원인으로 보았다. 고전주의 범죄학은 공리주의적 범죄원인론을 전제로 범죄통제는 범죄의 선택에 두려움을 갖도록 하는 것이 최상의 방법이므로 형벌을 가장 효과적인 범죄예방책으로 보았다. 형벌은 엄격하고 분명하며 신속할수록 범죄행위를 더 잘 통제할 수 있다고 보았다.

고전주의 범죄학의 등장배경을 살펴보면 사회철학가들이 당대의 법률과 처벌에 관한 새로운 철학을 제시하기 시작하면서 범죄와 형벌의 형평성을 강조하기 시작했다. 국가가 잔인한 방법으로 범죄인을 공개적으로 처벌하는 것은 바람직하지 않으며 계몽주의 사상으로 인해, 인간의 존엄성을 강조하고 있다. 이러한 전제하에 대표적인 학자는 Beccaria, Bentham, Howard가 있다. 고전주의학파는 18C 유럽의 계몽주의, 인본주의, 합리주의의 영향 하에 나타났으며 고전주의(classical criminology)라는 이름은 19세기 실증주의(positivism)이전의 이론이라는 의미에서 붙여진 것이다. 당시 유럽의 자의적이고 비합리적이며 잔혹한 형사사법제도에 반대하여 범죄를 효과적으로 예방하면서, 피의자의 인권을 보호할 수 있는 형사사법제도를 주장했고 고전주의학자들은 인간을 매우 이성적인 존재로 파악, 인간은 "쾌락과 고통의 원리(principles of pleasure and pain)"에 의하여 행동한다고 주장했다. 인간의 모든 행위는 "자유의지(free will)"에 의하여 결정되기 때문에 자신의 행위에 대하여 전적으로 책임(total responsibility)을 져야 하는 것이다. 범죄원인론적으로 보면 어떤 행동을 할 때 쾌락이 고통보다 클 것이라는 이성적 판단을 하게 되면 범죄행위라도 행하게 된다는 것이 고전주의의 핵심내용이다. 형사처벌의 목적을 달성하기 위해 처벌의 고통이 범죄이익을 능가하여야 한다. 한마디로 말해 인간의 행위는 각자의 자유의지(free will)에 입각하여 합리적이고 논리적인 판단에 따라서 이루어진다. 따라서 그 결과에 대한 책임은 스스로 부담해야 한다고 보았다. 누구나 범죄자가 될 수 있으며 인간은 자신의 행동을 결정할 수 있는 능력이 있다. 인간은 욕구충동의 문제해결을 위해 범죄를 범하게 된다.

이탈리아 계몽주의 사상가 Beccaria는 인간의 존엄성을 강조하며, 국가의 개인처벌근거는 오직 사회계약에 의해서 가능하며 인간의 자유의지로 인해 결과에 대한 책임을 져야 하고 범죄와 형벌을 정하는 법률 제정권한은 입법자에게 있음을 강조한다. 재판관은 입법자가 아니기에 법률해석 권한은 없으며 형벌의 무거움은 범죄에 의해 생긴 사회적 손해에 비례해야 한다. 범죄처벌보다는 범죄예방이 바람직하며 형사재판에서 피고인의 권리는 보호되어야 한다. 저서 "범죄와 형벌"에서 사형, 고문제도 폐지, 죄형법정주의를 주장하고 있다.

Jeremy Bentham(1748~1832)은 영국 윤리학자, 법률학자, 변호사이며 공리주의를 주장하고 있다. 법의 창조와 유지를 지배하는 기본원리 "최대다수의 최대행복"을 강조하며 형벌에 대한 유일한 정당화는 범죄에 대한 억제라고 말한다. 고전주의 범죄학의 평가는 크게 긍정적인 견해와 부정적인 견해가 있는데 전자에는 인간의 존엄성, 합리성, 공리주의 등을 추구함으로써 당시의 혹독한 형사사법 제도를 개편하는데 주도적인 역할을 했고 형벌집행의 합리화, 형벌제도의 객관화에 영향을 미쳤으며 단점으로는 인간의 선악을 이성적으로 판단하고 자유로이 선택할 수 있는 존재라고 개념적으로만 규정할 뿐 직접 보여주지 못하고 있는 점, 범죄에 있어서 특수한 상황여건을 무시한다는 점(누범, 초범, 성인범죄자, 정신이상 범죄자 등을 동일시한다는 점), 범죄원인을 등한시하고 형법과 형사절차에만 지나친 관심을 표명하고 있다는 점을 들 수 있다.

2. 실증주의 범죄학

19~20세기 눈부신 자연과학의 발달이 사회과학분야에도 영향을 미치게 되었는데, 19~20세기 과학기술의 발달, 산업혁명으로 고전범죄학이 주장하는 대로 실제로 범죄문제가 해결되지 못하는 문제를 낳았으며 실제 19세기, 도시화, 산업화가 진행되면서 오히려 범죄가 증가했고 이로 인해 단순히 범죄가 '자유의지'로만 이루어지는 것이 아니라, 여러 가지 사회적 요인들에 의하여 발생된

다는 인식이 수용되게 되었다.

프랑스 사회학자 Auguste Comte(1798~1857)는 저서 『실증철학의 과정』에서 사회과학에도 물리학의 현대적 방법론(실증주의, 과학주의) 도입을 주장했다. 첫째, 인간의 행등은 개인이 통제할 수 없는 외부의 힘이 작용한 결과라는 것이다. 이러한 힘 가운데 어떤 것은 재산이나 계급과 같이 사회적인 것인 반면 다른 것은 전쟁과 기근처럼 정치적이고 역사적인 것들도 있다. 실증주의의 두 번째 요소는 문제의 해결에 과학적인 방법을 적용하는 것이다. 실증주의자들은 가설을 검증하기 위하여 경험적인 방법을 엄격하게 사용한다.

Charles Darwin(1809~1882)의 『종의 기원』은 범죄학 연구에 있어 전환점 = 모든 생명체는 신의 피조물이 아니라 돌연변이와 적자생존에 의한 진화의 결과라고 주장했다. 다윈의 범죄사적 의의는 당시 종교적 믿음에 심각한 도전장을 내밀었고 결정론적 시각에서 인간의 행동은 자유의사보다는 인간이 생존하는 주위환경의 영향(경제적, 사회적, 물리적, 심리적 영향)에 의해 결정된다는 시각을 드러내게 되었다. 결국 범죄원인이 선험적 자유의사뿐만 아니라 과학적 방법 등을 동원한 원인 분석의 필요성을 제기했다. 실증주의 범죄학의 주요 주장은 초기 실증주의자들은 자신이 통제할 수 없는 환경적 요인이 그 사람의 행동유형에 지대한 영향을 미치며, 이에 대해 범죄의 요인을 사람의 신체적 구성에 초점을 맞추었다.

실증주의 사상을 범죄학에 도입한 가장 유명한 학파로는 '이탈리아 학파'가 있는데 롬브로조와 페리, 가로팔로가 있다. 롬브로조는 범죄자는 원시인의 속성을 격세유전(atavism)에 의하 여 전수받은 '생래적 범죄인'이라고 주장하였다. 이와 같이 다윈의 진화론에 크게 영향받은 그의 이론을 '생물학적 결정론'이라고 한다. 페리는 범죄인을 네 가지 유형(생래적 범죄인, 기회범, 격정범, 정신병적 범죄인)으로 나누고, '범죄포화의 법칙'을 주장하여 범죄학 발전에 크게 기여하였다. 가로팔로는 범죄를 자연범과 법정범으로 구별하였다. 프랑스의 케틀레는 개연성이론(probability)을 적용하여 범죄율에 관한 연구를 하였으며 게리는 기후, 계절, 연령, 성 등이 범죄에 미치는 영향을 연구하였다.

실증주의 범죄학 가운데 처음으로 발달한 분야는 범죄생물학인데, '유전이론은 유전과 범죄와의 관련성에 초점을 맞추고 있다. 유전적 요인이 비슷한 사람들 즉 쌍둥이나 입양아, 또는 범죄인 가족을 통해 증명하려 하였다. 크리스티안센은 남자 일란성 쌍둥이의 경우 그중 한 명이 범죄를 저지른 경우 다른 쌍둥이도 범죄인인 비율이 35.8%로서 쌍둥이가 아닌 일반 형제의 경우의 전과 일치율인 8%를 크게 웃돈다는 것을 밝혀냈다. 한편 '체형이론을 주장하는 자들은 예컨대 크레츠쉬머는 신체형을 몇 가지로 구분하고 조울증형과 정신분열형이라는 두 가지 특징적 유형을 발견하였는데 이러한 신체유형에 따라 범죄의 유형과 방법이 결정되는 것이라고 보았다. 셀던은 사람의 체형을 크게 내배엽형, 중배엽형, 외배엽형으로 나누고 중배엽형 이 골격이 크고 공격적이어서 범죄성이 강하다고 주장하였다.

실증주의 범죄학의 다른 유형은 지능, 인성, 학습과 범죄행위의 결합을 비롯하여 범죄에 관한 정신적인 측면에 초점을 맞추었다. 모즐리는 정신이상과 범죄행위가 매우 강하게 연결되어 있다고 생각했다. 고링은 범죄행위는 열등한 신체 및 낮은 지능과 밀접한 관련이 있다고 주장하였다. 타르드는 범죄자들이 모방을 통하여 다른 자들로부터 범죄를 배운다고 생각하여 이른바 모방의 법칙을 주장했다.

이제 실증주의 범죄학에 대해 살펴보기로 하자. 범죄사회학의 형성을 살펴보면, 뒤르캠은 아노미 상태에서 사람들은 커다란 가치의 혼란을 겪게 되고, 그 결과 범죄나 자살과 같은 일탈행위가 크게 증가한다고 주장했다. 주요범죄사회학이론을 살펴보면 시카고학파와 하위문화이론을 크게 꼽을 수 있다. 파크, 버지스, 위드는 도시의 사회 생태학에 관한 조사연구를 실시하여 사회제도의 기능과 변화 및 그 붕괴가 사회와 인간행위에 어떻게 영향을 미치는가에 관심의 초점을 맞추고, 도시의 특정한 지역에 작용하는 사회적인 힘이 범죄를 일으키는 원인이 된다고 결론지었다. 이를 생태학이론이라고 부른다. 이어 셀린은 문화갈등을 일차적 갈등과 이차적 갈등으로 나누어 설명했다. 하위문화론을 주장하는 이들은 사회의 여러 하위 문화 중에서 규범의 준수를 경시하거나 반사회적 행동양식을 옹호하는 범죄적 하위문화가 있음을 인정하고 하위문화의 영향으로 인하여 범죄행위에 빠진다고 주장한다.

이에 대한 이론을 살펴보면 다음과 같다. 우선 학습이론: 차별적 접촉이론을 들 수 있다. 학습이론은 범죄는 다른 정상적인 행위와 마찬가지로 가까운 사람들과의 상호작용 과정을 통해 학습된다고 보는 이론이다. 그러나 범죄적 태도나 방법에 노출되있다고 하여 누구나 범죄인이 되는 것은 아니며 법에 대해서 비우호적인 정의가 우호적인 정의를 능가할 때 범죄가 학습될 수 있는데 이를 차별적 접촉이라고 한다.

그 다음으로 긴장이론을 들 수 있다. 현대사회에서는 물질적 성공이라는 목표를 달성하기 위한 합법적인 수단은 모든 사람들에게 허용되어 있다고 보기는 어려운데 목표와 수단이 분리된 상태는 사람들에게 일정한 긴장을 느끼게 하고 이에 따라 사람들은 저마다 적당한 방식으로 이에 적응하게 된다. 순응형, 의례형, 혁신형, 은둔형, 반역형과 같은 다섯 가지로 나누어질 수 있는데 혁신형이나 반역형의 사람들이 범죄를 저지르기 쉽다는 것이다. 클라워드와 올린은 합법뿐만 아니라 비합법적인 수단을 획득하는 기회도 사람에 따라 차이가 있는데 이러한 비합법적 수단을 가질 수 있는 기회 는 주로 그 지역의 특성에 달려 있다는 것이다.

마지막으로 통제이론을 들 수 있는데 범죄 행위의 동기는 인간 본성의 일부이고, 사람들은 그대로 두면 누구든지 범죄를 저지를 수 있을 것 이라는 것이 기본 전제가 된다. 범죄를 저지르는 사람은 어떤 이유로 통제력이 약화된 것일 뿐 기존의 이론처럼 범죄를 발생시키는 특정한 힘이 있기 때문은 아니라는 것이다. 라이스와 나이의 통제이론, 레클리스의 봉쇄이론과 자기관념이론, 맛차의 표류이론, 허쉬의 사회유대이론이 있다.

3. 비판범죄학의 등장

우선, 낙인이론을 들 수 있다. 비판범죄학은 다양하게 주장되었으나 일반적으로 실증주의적 범죄론을 명시적으로 비판하고 사회과학의 가치중립성을 거부하고 실증주의 및 자유주의 패러다임과 결별을 주장하면서 마르크스주의적 관점을 사용하여 범죄원인과 범죄통제의 문제를 개인적. 교도적 차원에서 사회적 해방적 차원으로 전환하여 체제의 현상유지나 개혁주의적 해결을 거부하고 전반적인 체제변동과 억압에 대한 투쟁에 정치적 참여를 주장하는 이론을 말한다. 낙인이론이 관심의 초점을 '범죄와 범죄자'에서 '범죄에 대한 사회적 반작용'까지 확장시켰다면 비판범죄학은 의미내용이 모호한 사회적 반작용을 범죄통제의 메커니즘으로 구체화하여 법 제정과 적용상의 불공평에 관심을 갖고 낙인이론이 제기했던 문제의식을 이어받아 '범죄와 범죄자'에서 '그것을 창출하는 사회정치적 배경'으로 옮겨놓았다. 범죄를 개인의 선택으로 여기거나, 범죄의 원인을 범죄자의 태생적, 심리학적 특성에서 찾는 것이 아니라, 범죄자와 범죄자가 속한 사회 사이의 상호작용(interaction)에서 비롯된다고 보는 견해이다.

Kai Erickson의 표현을 빌리자면, "일탈은 어떤 특정한 행위 자체에 내재하고 있는 비도덕적인 성격의 것이 아니라, 그것을 직·간접적으로 목격한 사람들이 그것을 일탈이라고 부르기 때문에 일탈이다." 범죄와 일탈은 어떠한 행위와 그 행위에 대한 사회적 청중의 반응, 그 반응에 대한 이차적인 효과로 정의된다. 범죄사회학의 발전으로 생성된 이론이며, 후에 갈등이론 및 비판범죄학(마르크스 범죄학)의 이론적 토대가 된다.

낙인이론에서 바라본 범죄와 법을 살펴보면 다음과 같다. 범죄의 개념에 대한 절대성과 고정성을 부정하는 데서 출발했고 범죄의 개념은 시간과 환경에 따라서 변화한다. 예를 들면 낙태, 마리화나, 총기소지, 도박 등은 시간과 장소에 따라 합법적일 때도 있고, 법적으로 금지될 때도 있다. 범죄란 오로지 청중들의 관점에서 비롯되는 주관적 개념이다. 그러면 무엇이 건전한 행위이고 법적으로 금지되는 행동인가를 결정하는 자는 누구인가라는 물음이 제기되는데 "법"은 사회 내의 권력관계를 반영하며 형법 역시 권력을 가진 지배하는 자들의 가치를 반영한다. 낙인이론의 관점은 범죄 원인 측면에서 사회통제 기관이 행하는 역할을 규명하였다. 범죄를 통제하고 다루는 권한을 부여받은 기관과 개인을 언급하지 않고는 범죄행위가 완전하게 이해될 수 없다. 낙인 이론은 개인과 그들의 행위를 형성하는 사회적 상호작용과 반응에 초점을 맞추었다. 낙인이론은 범죄 행위(일차적 일탈)과 범죄 경력(이차적 일탈)을 구별하였고 이러한 개념이 달리 해석되어야 한다는 점을 보여주었다. 낙인 이론은 또한 그것이 범죄와 관련된 현상 뿐 아니라 상호작용에 초점을 맞추었다는 점에서 의미를 가진다. 범죄를 예정된 로봇의 행동으로 보는 것이 아니라 범행의 결정에는 동료, 피해자, 경찰 및 주요 인물들에 의해 영향을 받는다는 점을 나타내었다.

한편, 낙인이론에 대한 비판을 살펴보면 다음과 같다. Charles Wellford의 비판을 보면 우선 낙인이론에 따르면, 일탈과 범죄는 시간과 장소에 따라 상대적인 것이라고 하는데 웰포드는 강간, 살인과 같은 범죄는 보편적으로 제재대상이 된다고 비판했다. 낙인이론은 거의 모든 법 집행이 가난한 사람들과 소수의 권익에 반한다고 주장한다. 웰포드는 법집행 공무원들은 범죄의 중대성과 같은 요소를 기초로 체포 여하를 결정하고, 범죄자의 거동, 계급 인종과 같은 요소에는 관심을 두지 않는다고 반론한다. 낙인이 비록 범죄자 스스로에 대한 태도에 영향을 미친다고 하더라도 태도의 변화가 실제 범행으로 이어지는지에 대해서는 분명한 증거가 없다. 웰포드는 자기 낙인은 불분명한 개념이라고 비판한다. 낙인이론은 낙인이 범행을 유발한다고 주장한다. 그러나 웰포드는 범죄는 상황에 따라 저질러지는 것이고, 낙인이나 스티그마보다는 생태학적 그리고 개인적 환경에 의존한다고 비판한다. 만성적 범죄와 낙인이론을 살펴보면 부정적인 낙인이 지속적인 범행의 시초와 연관된다는 점은 일리가 있어 보인다.

Charles Tittle은 낙인의 범죄생성 효과에 대하여 변밀하게 분석하였다. 티틀은 많은 범죄 경력이 낙인 없이 발생한다고 주장하였다. 낙인의 대부분은 만성적인 범죄의 이전이 아니라 이후에 발생하였다. 미국에서는 1970년대 초 미국의 사회위기 심화와 마르크스주의의 부활을 계기로 낙인이론이 제기한 범죄통제 문제에 갈등이론을 적용하였으며, 유럽에서는 마르크스주의를 적용하여 가장 체계적이고 철저한 비판을 하는 이론이 등장하였다. 비판범죄학은 범죄문제를 정치적으로 해석하고 '권력'을 주된 도구개념으로 사용하기 위하여 사회가 합의에 의해 유지된다는 합의적 사회관을 거부하고 사회는 갈등상태에 있다고 보는 갈등적 사회관에 입각하여 논의를 전개한다.

Ralf Dahrendorf(1929~2009)의 업적을 살펴보면 다렌도르프의 저서, "산업사회에서의 계급과 계급 갈등(Class and Class Conflict in Industrial Society)"에서 마르크스가 노동자 계급에서 일어나는 변화를 예견하지 못했다고 주장했다. "오늘날의 노동계급"은 모두 다 기술이 부족하고 빈곤한 사람들로 구성된 집단과는 거리가 멀고, 수많은 지층으로 구성되어 있다고 주장하였다. 노동자들은 비숙련, 중간숙련, 그리고 숙련 기술자로 나뉠 수 있다. 한 집단의 이익은 다른 집단의 요구에 부합하지 않을 수 있다. 따라서 마르크스의 통합적 프롤레타리안 계급의 개념은 부정확한 것이다.

다렌도르프는 비마시스트적인 갈등이론을 창시하였다. 다렌도르프는 인간행위에 대한 통합적인 갈등 이론을 제안하였다. 주요내용은 다음과 같다. 모든 사회는 모든 시점에서 변화의 과정에 놓여 있다; 사회는 언제나 어디서나 변하며, 모든 사회는 모든 시점에서 반대와 갈등을 보여준다; 사회적 갈등은 어디서나 존재하며, 사회 내의 모든 요소는 사회의 분열과 변화를 일으키며, 모든 사회는 그 사회 구성원의 일부에 의한 강압에 기초를 둔다. 다렌도르프는 범죄 문제에 대해서 직접적으로 언급하지는 않았으나 그의 갈등 모델은 현대 갈등 범죄학의 기둥으로서의 역할을 한다. 한편, 마르크스의 범죄론에서 마르크스는 일탈이나 범죄에 큰 관심을 갖지 않아 체계적으로 논의하지는 않았지만 범죄는 자본주의의 발전에 따라 발생하는 자본주의 사회의 내재적인 현상이라고 주장하고, 범죄행위의 원인은 도덕적 타락과 허위의식 때문이라고 하였다.

Bonger의 사회주의 범죄이론에서 Bonger는 자본주의적 생산양식은 이윤과 경쟁을 강조하기 때문에 이기주의를 강화하고 이타주의를 약화시키는 탐욕적인 범죄의식을 발생하게 한다고 주장하고, 자본주의의 경제적 조건에 의한 범죄의식의 생산으로 빈곤범죄·보복범죄뿐만 아니라 경제범죄·정치범죄·성범죄 등 모든 유형의 범죄가 발생하게 된다고 하였다. Bonger는 인간을 탐욕적인 이기주의자로 만드는 자본주의체제를 타파하고 이타주의적 정서를 회복시켜주는 사회주의사회를 건설하여야 범죄의 해결이 가능하다고 주장하였다. Bonger와 비판범죄학이 사회주의사회의 건설을 범죄대책으로 제시한 점은 동일하나 Bonger는 자본주의사회의 이기주의가 범죄의 원인이라는 범죄원인론적 접근을 하였고, 비판범죄학은 형법의 행태에 직접적으로 접근한 것이 차이점이다. 또한 Bonger는 사회주의 사회가 건설되더라도 의사가 치료해야 할 병리적 인간에 의한 소수의 범죄는 존재한다고 보았으나 비판범죄학은 사회주의사회에서는 범죄는 완전 소멸된다고 주장하였다. 갈등이론에 따르면 범죄는 권력을 가진 자들에 의해서 정의된다. 권력이란 다른 사람의 행동을 결정하고 통제하며 자신의 이익에 부합하는 공공의 견해를 생성해 낼 수 있는 개인 및 집단의 힘을 말한다. 권력의 불공평한 분배가 갈등을 낳으며, 갈등은 권력을 위한 경쟁에 뿌리를 두고 있다.

Richard Quinney는 권력, 사회 그리고 범죄성에 대한 자신의 신념을 "범죄의 사회적 실재라는 이론"으로 통합하였다. Quinney에 따르면, 범죄의 정의는 사회에서 권력을 지닌 자의 이익을 반영한다. 예를 들어 부자와 가난한 자 사이처럼 사회 집단 사이에 갈등이 있다면, 권력을 가진 자가 그들 자신에게 유리하고 경쟁자를 저지할 수 있는 법을 제정한다. 이러한 견해에 따르면 미국 내에서 재산범죄에 대한 형벌이 무거운 이유를 설명할 수 있다. 법률은 이미 부를 축적한 사람이 자신의 부를 보존할 수 있는 방식으로 고안된다. 만일 권력을 가진 자의 요구에 충돌하는 행동을 하면, 이를 범죄로 규정한다. 이렇듯 권력 관계에 의존하기 때문에 범죄의 정의는 끊임없이 변화하여 당시 사회의 정치적 조직상을 반영한다. 법은 도덕규범의 추상적 실체가 아니라, 필수불가결한 사회의 한 부분이며 삶의 방식을 반영한다. 범죄는 권력관계의 소산이며 사회갈등의 결과이다. 범죄자는 단순히 사회적 부적응자가 아니며 성공을 위한 투쟁에서 실패한 사람들이며 부와 지위 또는 생존을 위한 대체 수단을 찾는 사람들이다. 결과적으로 법률의 위반은 정치적 또는 준혁명적인 행위로 볼 수 있다.

Austine Turk는 어떻게 권력관계가 사회적 갈등을 생산해내는

지를 설명하였다. 사회 내에서 지배하는 자는 법의 지배를 받는 자와 갈등 관계에 있다. 이 두 집단 사이에는 갈등이 내재하는데, 왜냐하면 두 집단은 모두 고유의 문화 규범과 사회규범을 가지고 있기 때문이다. 권력과 복종 사이의 상호관계는 결국 규범 저항, 즉 양 집단 사이에 공개된 갈등의 모습으로 나아가게 된다.

나가며

이상으로 범죄학이론을 크게 고전주의 범죄학, 실증주의 범죄학, 그리고 비판범죄학의 3가지로 나누어 각 주장에 따른 학자들의 견해들을 비교분석해보았다. 범죄를 일으키는데, 다양한 요인 즉 선천적인 요인이 있을수도 있고 후천적으로 다양한 요인들이 작용한다고 각 학자들은 주장을 하고 있다. 범죄라는 것이 사회의 범주 안에서 하지 말하야 할 금기시되는 사항들을 저지른다는 것은 불변의 자명한 사실이고 이러한 다양한 변인들을 분석함으로써 모쪼록 묻지마 범죄와 같은 극한 상황들이 더 이상은 우리 사회에 만연하지 않기를 간절히 바라는 마음이다.

러시아와 우크라이나 전쟁에 대한 단상

최근 러시아와 우크라이나의 전쟁은 당초 예상과 달리 상당 기간 장기전에 돌입하며 해당국은 물론 전세계적으로 치명적인 고통과 아픔을 더하고 있다. 이로 인해 사상자가 속출하고 있으며 세계경제는 점차 이로 인한 직접적인 가시권에 돌입하며 애간장을 태우고 있다. 이에 전쟁은 무엇인지 왜 발생하는지 이를 해결하기 위한 방안은 무엇인지 알아보고, 평화유지를 위한 국제규범에 대해 살펴보고자 한다. 이를 토대로 이번 전쟁을 보다 냉철하게 분석하여 왜 러시아와 우크라이나 간에 전쟁이 발발했는지 그리고 그 진행과정은 현재 어떤 상황인지 알아본 후 이를 토대로 이번 전쟁에 대한 이해를 도모하고자 한다. 그리고 마지막으로 국제평화를 위한 노력에는 어떤 것들이 살펴봄으로써 의의를 찾고자 한다.

1. 평화와 전쟁 & 세계시민의 연대와 공동 행동

전쟁은 과연 무엇인지, 도대체 전쟁은 왜 일어나는 것인지, 전쟁은 피할 수 없는 것인지, 이러한 전쟁을 종식하고 이를 정착시키는 방안은 무엇인지에 대해 살펴보면 다음과 같다. 사실 사람들끼리 살면서 문제가 발생하지 않는 예는 없다. 마찬가지로 전쟁

역시 경쟁 관계에 있는 정치집단 간의 갈등을 군사적으로 해결하고자 하는 무력도발이라 할 수 있다. 이로 인해서 무수한 생명이 목숨을 잃고 경제는 현 상태에서 몇십 년 또는 몇백 년 후퇴할 수 있다. 예전이나 지금이나 전쟁은 이로 인해 참여하는 당사자는 물론 무고한 민간인이 억울하게 목숨을 잃고 피해를 보게 된다, 전쟁이 발발하면 가장 취약계층이 바로 어린이와 노인, 여성일 수 밖에 없다. 물론 전쟁을 통해 일단 적이라고 명명하면 이를 물리치기 위해 내부적인 결속력은 다져지게 된다. 현재 북한이 쓰는 전형적인 수법이다.

세계의 역사를 돌이켜보면 제1차 및 2차 대전으로 미국과 소련의 냉전 시대가 발생했고 이는 마치 흑백논리처럼 오랜 시간 유지되다가 결국 소련 및 동유럽의 공산국가가 와해하면서 일종의 내전의 형태를 보이기 시작했다. 최근에는 국가 간의 싸움이나 전쟁이라기보다는 미국의 9·11 사태처럼 테러와의 전쟁과 같은 특이한 양상을 나타내고 있다. 이러한 전쟁을 일으키는 그리고 발발하는 원인에는 여러 가지가 있다. 마치 전쟁하지 않으면 한 나라가 발전을 하지 않는다는 다소 저급한 생각에서 유기적 관점으로 전쟁을 이해할 수 있으며 또한 민족주의 관점에서 결속력을 다지기 위한 하나의 방편으로 또는 무정부상태에서 전쟁이 발발하는 것으로 파악할 수도 있다. 하지만, 뭐니 뭐니 해도 전쟁은 인간의 탐욕스러운 본성에서 비롯되는 것 같다. 누군가를 정복하고 자신의 힘을 과시하는 방편에서 그리고 무정부상태에서 발생하게 되는데 최근에는 중국이 세계의 패권을 노리면서 강대국으로 등장함에 따라 기존과는 다른 미국과의 대치 상태를 이루면서 이를 세계의 세력균형을 위한 하나의 신호로 파악하고 있다. 이로 인한 권력 이동은 어쩌면 장래 또 다른 전쟁을 발생시킬지도 모른다.

이러한 전쟁을 논의하다 보면 과연 평화는 무엇인지, 어떻게 이를 구축할 수 있을지 많은 생각이 든다. 평화는 말 그대로 태평성대를 뜻한다. 영국의 국제정치학자 불(Hedley Bull)은 세력균형에 대한 국제법이나 외교처럼 공동의 이해와 가치가 존재할 때 형성되는 국제사회 제도로 파악했다. 사실 평화는 어떠한 힘의 절대적인 균형의 논리를 통해 서로에 대해 침범하지 않고 현 상태를 그대로 인정해주며 각자의 발전을 위해 노력하는 그 자체가 아닌가 생각한다. 그렇다면 이러한 평화는 어떻게 유지되는지 생각해봐야 한다. 즉, 우선은 국가와 국가 간의 관계에서 그리고 국가 내부의 단계에서, 마지막으로 개인적 차원에서 평화를 논의할 수 있다. 평화는 말 그대로 경제적 자유주의, 공화적 자유주의, 제도적 자유주의를 통해 가능하다. 당연히 사람이 살면 전자에 언급했듯이 갈등과 반목, 폭력이 존재할 수밖에 없다. 이러한 갈등이 감화되면 당연히 전쟁으로 발발할 수밖에 없으므로 국제법이나 국제기구에서는 최대한 전 세계의 평화를 구축하고 유지하기 위해 큰 노력을 기울이고 있다. 군비축소와 통제를 통해 평화에 이르기 위해 노력하고 있고 최대한 갈등과 반목을 줄이기 위해 또한 불평을 줄이기 위해 서로 도와주고자 하는 빈곤퇴치와 같은 활동을 통해 세계가 함께 잘살아보고자 노력하고 있다. 어느 한쪽이 지나치게 부가 편중되고, 어느 한쪽에 지나치게 가난이 치중된다면 또 다른 전쟁의 불씨가 될 수 있기 때문이다.

한 나라와 조직을 유지하기 위해 규범이나 법이 존재하듯이 국가 간의 평화를 유지하기 위해국제규범이 필요하다. 물론 이러한 국제규범이 당장 어떤 전쟁을 일으키거나 큰 국제적 문제를 일으키는 경우 어느 한 나라를 초토화하는 것을 의미하지는 않지만 그렇다고 이러한 국제적 규범을 무시할 수 없는 이유는 현대사회에서 가장 무서운 경제적 타격이나 위협을 가할 수 있기 때문이다. 국제질서를 유지하기 위해 이러한 규범을 토대로 이를 강제하고 감시하며 또는 평가하는 기구마저 조직되는데 이를 통해 국가는 서로서로 견제하며 세계평화를 위해 노력하게 된다.

그렇다면, 이러한 규약은 어떻게 만들어지는지 살펴볼 필요가 있다. 피네모어와 시킨키는 규범이 제도화되고 정착되는데 3가지 단계를 제시하고 있다. 우선은 규범이 제안되어야 하고 그다음에는 이러한 규범에 대한 동의가 제도화되어야 하며 마지막으로는 완전히 내면화되어야 한다. 이러한 규범을 통해 국가는 서로 지켜야 할 질서를 유지하게 되고 나아가 국가는 물론 기업의 행동마저 감시하고 비판하게 된다. 환언하면, 하나의 활동의 명확한 근거가 될 수 있다. 물론 이전에도 평화를 위한 노력이 있었지만 빈 회의는 이러한 국제규범을 제도화하고자 노력한 최대의 전성기라고 할 수 있으며 대표적인 사례라 할 수 있다. 이를 통해 인권의 보편성은 물론 인권과 평화 및 민주주의 상호 의존성을 성문화하였고 나아가 유엔 인권고등판무관, 국가인권위원회, 국제형사재판소 등 인권 보호와 증진을 위한 다수의 기관이 탄생하기에 이르렀다. 이렇게 성공할 수밖에 없었던 이유는 무엇보다 NGO 참여가 크게 이바지했다. 당시 유엔은 시민사회 참여를 통해 준비 회의에마저 참여를 허용함으로써 새로운 규범과 규약이 탄생할 수 있었다.

하지만, 어느 조직이 그러하듯 탄탄대로만 걸었던 것은 아니다. 2000년이 시작되면서 MDGs는 세계 경제 위기를 비롯하여 식량 위기의 직접적인 영향을 받아 실패 및 좌초할 위기에 처했고 선진국들은 자신들의 안위와 권익을 위해 몸을 사리기 시작했다. 보편적 규범이라고 명명되었던 인권이 한계상황에 봉착하면서 테러리스트 세력이 등장한 것이다. 나아가 세계화라는 명분으로 긍정 측면도 있지만 이로 인해 예상치 못한 다수의 문제가 등장하기 시작하는데 예를 들자면 국제노동기구는 일자리의 안정화를 위해 노력하는 반면 세계무역기구는 일자리를 유연하게 만들 것을 요청함에 따라 상반된 입장에서 모순이 되기도 한다. 유엔이 물론 만병통치약으로 생각될 수 있지만, 안전보장이사회를 개혁하는 문제에 관하여 아직도 강대국의 눈치를 보는 상황에서 국가 간의 복잡한 셈법이 작용할 수밖에 없고, 이로 인해 과연 국가 간의 평화는 어디까지인지 많은 의문점이 들기도 한다. 시민사회 역시 유엔으로부터 이제는 관여하지 않으려는 성향을 보이기도 하는데 이러한 시점에서 과연 유엔은 왜 필요한지 의구심이 들고 그렇다면 이제는 유엔을 벗어난 곳에서 세계화에 대안을 제시하는 포럼을 제시해야 하지 않나 그런 생각이 든다.

지금은 솔직히 세계평화라는 말이 과연 가능한지 그리고 진정한 참된 정의는 무엇인지 많은 의문점과 변수가 드는 것이 사실이다. 기존에 만형 노릇을 자처한 미국이 경제적 이권 체제로 모든 정책을 선회함에 따라 국제질서는 위기라고 할 수 있고 이러한 위기 상황에서 국제질서를 새롭게 창출할 국가는 그리고 힘의 경쟁자는 누구인지 많은 논란이 있다. 이러한 상황에서도 희망을 놓지 말아야 하는 것은 기존에 없던 평화의 시기에 좀 더 큰 노력을 통해 평화를 구현해야 한다. 아직도 유엔은 그 어느 기구보다 막강한 권력을 지니고 있으므로 글로벌 거버넌스에 국가적 성격을 강화하여 유엔을 통한 개혁은 망상이라는 기존의 생각을 일축해야 한다. 현재의 거버넌스가 설령 문제가 되는 일도 있겠지만 이렇게 탈중심화를 주창한다면 문제는 더 심각해질 것이다. 물론 혹자는 새로운 국제질서와 관련하여 시장 질서에 맡겨야 한다는 이들도 있는데 이러한 신자유주의자들의 주장에도 불구하고 아직은 범지구적인 시민사회의 단결과 결속 나아가 유대감을 통해 더불어 공존과 평화를 유지하고자 하는 갈망이 크다는 점이다.

2. 러시아-우크라이나 전쟁의 발생과 진행과정

러시아와 우크라이나 전쟁의 발발과 진행 과정을 살펴보고자 한다. 2014년 러시아는 우크라이나 동부에 거주하는 러시아계 주민들을 보호한다는 핑계로 크림반도를 침공한 후 강제 병합했다. 이후 그해 9월 우크라이나와 러시아 반군은 정전을 선언했고 미국과 유럽은 러시아에 대한 책임을 묻고자 경제적 제재를 시행했다. 이로 인해 러시아는 여행금지부터 시작해서 안보 관련 수출금지 등 경제적 제재로 인해 경제적 위기에 봉착하게 되었다. 사실 러시아와 우크라이나 갈등의 근본적 원인은 러시아가 우크라이나 국경지대에 병력을 배치한 후 전쟁 가능성을 하루가 다르게 높이는 가운데 우크라이나가 위기감을 느껴 NATO에 가입하고자 하는 것과 맞물려 유럽이 안보 질서를 구축하고자 하는데 이러한 강대국들이 지정학적 이해관계를 둘러싸고 서로 충돌했기 때문이다.

혹자는 전쟁의 불씨를 지핀 장본인이 우크라이나 젤렌스키 대통령이라고 볼멘 목소리를 내기도 한다, 친러 분리주의자들과의 분쟁을 해결하기 위해 젤렌스키가 나토가입을 주장함으로써 오히려 러시아에 빌미를 준 셈이 되고 말았다. 이에 한 발 더해 미국은 이러한 젤렌스키의 과감한 행동에 대한 조건만 충족되면 나토 가입은 별문제가 없다고 함으로써 러시아는 더 조바심을 내게 되었다. 이에 러시아는 우크라이나 국경지대에 엄청난 병력을 배치함으로써 맞대결하고 초긴장에 돌입했다. 사실 러시아는 자고이래로 자국의 안전보장은 물론 세력 확장을 위해 CIS 국가들과 연계를 맺으면서 NATO 회원국과의 완충지대 유지에 초미의 관심을 두었다.

세월이 흘러 냉전 시대는 지나갔지만, 여전히 미국이 냉전 시대의 부산물인 나토를 강화하는 것에 대해 러시아는 몇 차례 경고장을 날렸다. 러시아 처지에서는 이러한 미국의 도발이 마치 자신들의 안보를 위협하는 하나의 경고로 받아들여졌고 이로 인해 자신의 레드라인을 침범하는 도발 행위에 대해 러시아 푸틴 대통령은 여러 번 경고장을 보낸 것이다. 사실 러시아와 우크라이나 관계는 이전부터 상당히 복잡하게 얽혀 있다. 크림반도에 대한 영유권 분쟁부터 시작해서 러시아군대의 세바스토폴 기지 주둔하는 것과 관련한 현안들, 탈러시아 성향의 다자협력기구인 GUAM 결성과 활동, 오렌지혁명과 친서방 노선의 정부 출범, 우크라이나의 NATO 및 EU 가입 행보, 우크라이나의 관세동맹(CU) 및 유라시아경제연합(EAEU) 가입 문제 등 늘 러시아엔 우크라이나의 행보가 눈에 가시거리였다. 말로만 얼음장을 놓던 러시아가 드디어 행동 개시를 했다. 사실 이전에 몇 차례 전쟁에 대한 전운은 감지되었지만 설마 3차대전으로 이어질지 모르는 러시아와 우크라이나 간에 전쟁에 일어날까 싶었지만 2022년 2월 24일 푸틴 대통령은 젤렌스키 정부를 제거하기 위해 대대적인 전면 공격을 감행했다.

이에 앞서 2022년 2월 22일 푸틴 대통령은 우크라이나 돈바스 지역의 2개 친러 공화국의 독립을 공식 승인했는데 사실 러시아의 우크라이나 침공의 주된 행보는 수도인 키예프를 신속하게 점령함으로써 젤렌스키 정부를 제거한 후 친러 정부를 수립하는 것이었다. 하지만, 예상과 달리 이러한 러시아의 속전속결 전쟁 전략은 예상보다 막강한 우크라이나 병력과 단결된 힘에 주저앉고 이러한 가운데 러시아에 대한 서방 국가들은 강경책으로 대러 제재를 감행함에 따라 러시아는 진퇴양난의 위기에 처해 있다. 하지만, 이에 뒤질세라 러시아 역시 최근 중립국에서 나토가입을 추진하고 있는 덴마크와 스웨덴에 대해 가스공급을 차단하는 등 강경책으로 맞서고 있다. 현재 세계는 곡창지대 우크라이나의 밀 농사가 전면 중단됨에 따라 곡물 가격의 상승이 하루가 다르게 가파르게 이루어지고 있고 각국은 한치앞을 모르는 전운에 긴장하고 있다. 푸틴 러시아 대통령은 여차하면 핵무기 공격까지 지시하고 협박함으로써 우크라이나 사태에 서방국가가 관여하지 않도록 엄포하고 있다.

하지만, 이번에 뒤지면 이제는 러시아와의 관계는 악화일로에 접어들기에 서방국가 역시 기존과는 다른 최고의 강도 높은 러시아 경제적 압박 수위를 높이고 있다. 현재 우크라이나는 다양한 전술과 전략을 통해 러시아군을 격파시키고 있다. 전쟁을 시작할 당시엔 며칠 만에 승리를 자신했던 러시아도 이제는 전세를 가다듬고 장기전에 돌입하는 상황이다. 어느 쪽이 이기든 세계가 피해를 보는 것은 현재로서는 불가피한 상황이며 하루속히 원만하게 해결되어 세계에 평화가 찾아오길 기대해본다.

3. 러시아-우크라이나 전쟁에 대한 이해

사실 이전에는 미국이 세계의 강국으로 모든 문제를 해결하는 맏형의 역할을 톡톡히 했다. 하지만, 뜻하지 않은 글로벌 금융위기에서 미국은 맏형의 역할을 제대로 하지 못했고 이러한 가운데 중국이 패권에 도전하며 치고 올라오는 형국에서 러시아는 이러한 국제사회의 균열을 자기들의 발전 기회로 삼고 다시금 과거의 역할과 위상을 강화하기 위해 여러모로 노력하고 있다. 사실 경제적인 측면에서는 중국이 당연히 러시아를 누르고 1위를 차지하고 있는 것이 사실이다. 중국은 카자흐스탄과 투르크메니스탄에 각각 송유관과 가스관을 설치하여 자기의 이권을 챙기고 있는 가운데 그런데도 러시아는 전통적인 군사 강국으로 그 위상과 위용을 드러내고 있다. 카자흐스탄의 위기 사례를 살펴보면 러시아는 안보에 위협이 발생하면 즉각 행동으로 옮기리라는 것을 보여 줌으로써 러시아 주변 유라시아 국가들에 러시아의 위상을 다시 한번 과시하고자 노력한다. 사실 러시아는 중국과 자고이래로 우호적인 관계를 맺고 있지만, 이번 우크라이나 사태를 보더라도 패권 경쟁에서 오롯이 자신만의 권익과 국제사회에서의 힘을 과시함으로써 G3 체제를 모색하고자 함을 알 수 있다.

그런데, 이번 전쟁을 둘러싸고 왜 이토록 나이 많은 푸틴이 평화롭게 자신의 정권을 유지하지 않고 전쟁까지 감행하면서 모험을 하는지 많은 의문이 들 것이다. 사실 푸틴은 장기집권을 하면서 이에 대한 반발을 무마시키고 민족주의라는 감성 체제를 통해 자신의 마지막 정권을 더욱더 확고히 하고자 하는 의도가 숨어져 있다. 사실 과거의 소련에 비해 지극히 약화한 러시아의 국제적 위상을 다시 한번 업그레이드시켜 국민의 환심을 사고자 하는 것이다. 일명 강력한 러시아를 만들기 위해 자신이 행하고 있는 모든 정치적 행보에 대해 일종의 면죄부를 주는 것이다. 따지고 보면 나라를 강하게 만든다는데 싫어할 사람은 없다. 이런 애국주의가 국민의 반발을 살 수도 있지만, 일부에서는 과거의 향수 때문에 그리워할 수도 있다고 본다.

어느새 과거의 나치가 하는 행태를 표방하며 러시아는 Z를 통해 우크라이나 침공을 합법화하고 있으며 이러한 민족주의는 국민에게 어필되고 있다. 그러면서 강력한 부국강병을 외치며 절대로 포기하지 않고 승리할 것임을 표방하고 있다. 그런데, 이러한 러시아의 행태는 사실 국제법을 위반한 것으로 생각한다. 러시아가 주장하는 일종의 행태는 사실 말이 되지 않는다. 어떻게 러시아가 우크라이나 돈바스 지역에 대한 독립을 인정하고 이들 요청에 따라 파병한다는 것을 합법화할 수 있는지 도무지 이해 가지 않는다. 기존에는 잠잠하던 도네츠크인민공화국과 루간스크인민공화국의 독립을 승인하면서 2022년 드디어 러시아와 우크라이나는 충돌한다. 우크라이나로서는 러시아의 이러한 월권이 도저히 용납되지 않는 국제법을 위반한 처사이므로 당연히 용인할 수 없는 것이다.

국제법상 우크라이나는 인종 등의 이유로 특정 국가로부터 독립하여 독자적인 자치 국가를 수립할 수 있지만, 국제법 주체로 활동하기 위해서는 해당 국가에 대한 타국의 국가승인이라는 절차가 필요하다. 돈바스 자치공화국의 경우를 살펴보면 우크라이나 정부로부터 합법적으로 독립 정부로서 승인받지 못했기 때문에 이러한 행위는 우크라이나 측면에서 보면 불법 반란단체로서 국내법 위반으로 간주하는 것이다. 유엔헌장을 살펴보더라도 모든 회원국은 국제분쟁이 발생하면 평화롭고 안전하게 그리고 정의로운 차원에서 해결해야 하며 어떤 상황에서도 무력이나 위협을 가해서는 안 된다고 명시하고 있는데 이를 확연히 어긴 것이다.

이러한 점을 고려하면 러시아의 우크라이나 침공은 아무리 좋게 보려고 해도 도저히 용인될 수 없는 침략행위로 규탄받아 마땅하다. 이는 자기들 스스로 인정하고 합의한 유엔헌장을 위반한 국제적 양아치 행동에 불과한 것이다. 이를 엄격한 잣대로 보면 러시아의 우크라이나 침공은 그 어떤 상황에서도 정당화될 수 없으며 합법화되기 어려운 침략행위여서 이에 대한 국제적 처벌이 필요하다고 생각한다.

4. 국제 평화를 위한 노력

이번 러시아의 우크라이나 침공을 객관적으로 바라보면서 많은 생각이 든다. 우선은 자국의 국력을 기르는 것이 무엇보다 필요하다. 그리고 이렇게 설마설마하는 사이에 러시아가 우크라이나를 침공한 것은 충분히 막을 수 있음에도 불구하고 이를 방치한 유엔 안보리의 무능함도 한 역할 했다고 생각된다. 아무래도 상임이사국의 일방적인 행태로 빚어진 문제이므로 이번 기회를 통해 지역적인 불균등을 타파하기 위한 개혁이 절실하다고 생각한다. 그리고 무엇보다 강대국의 일방주의와 결부된 거부권과 관련하여 이러한 지역적 불균형이 반드시 개혁되어야 한다.

이를 해결하는 방안으로는 우선 상임 및 비상국 이사국을 확대할 수 있으며 거부권을 제한하는 방식으로 논의 진행을 막는 것을 원천적으로 차단할 필요가 있다. 나아가 오늘날의 국제사회는 규범이 너무나 약해서 유명무실한 경우가 너무 많다. 이로 인해 국제사회의 문제를 단순히 이들간의 문제로 치부할 것이 아니라 전 세계적인 관점에서 해결하고자 노력해야 하며 무엇보다 이번 전쟁에서 가장 논란되고 있는 무고한 민간인 대학살과 관련하여 더 강력한 책임을 물어야 한다고 생각한다. 심지어 독극물을 무차별 살포했다는 얘기와 생체실험까지 나오는 상황에서 러시아의 우크라이나 침공이 언제까지 악행으로 전철될지 우려가 되는 부분이다.

그런데, 덧붙이자면 핵을 둘러싸고 이를 빌미로 위협을 가한다면 유엔 안보리도 마땅히 이들을 견제할 방법이 없기에 정말 난처한 진퇴양난의 상황이라고 할 수 있다. 그런데, 이번 사태를 지켜보면서 사람들이 누구나 느끼는 점은 과연 러시아 일반 국민 모두 전쟁에 동의하는지 의문이 생긴다. 세계의 시민사회는 물론 러시아 국민이 푸틴을 규탄하고 대통령 자리에서 끌어내린다면 문제가 달라질 터라는 아쉬움이 남는다. 사실 우크라이나가 이렇게 버틸 수 있는 것은 전 세계적인 관심은 물론 이들을 도와주고자 마음을 같이 함께 하는 온정이 그들과 함께하기 때문이다. 심지어 우크라이나 대통령이 한국에 도움의 온정을 SNS로 요청하는 것을 보면서 가슴이 뭉클하기까지 하다. 비록 현재 상황에서 러시아에 대한 경제적 제재가 이루어진다고 해도 보다 더 강력하게 경제적 제재를 가한다면 국민이 이제는 견디지 못해 힘들다는 소리를 하면서 불만을 토로할 것이다. 무엇보다 수출통제를 통해서 아예 경제적으로 봉쇄를 가하는 것이다. 올해 바이든 대통령은 푸틴의 공격을 강력하게 비판하면서 G7 국가 및 EU와 함께 러시아의 MFN 지위 취소를 강행했다. 나아가 금융제재를 통해 러시아 은행을 SWIFT에서 배제하고, 러시아 중앙은행에 대한 보유외환 동결조치에 동참하는 것이다.

나가며

처음에는 설마 했던 전쟁이 발발했고 이러한 러시아와 우크라이나 전쟁은 머나먼 남의 일이 아니라 점차 우리의 삶에 영향을 미치고 있다. 단순히 경제적 물가가 상승하는 것을 넘어서서 현재 우크라이나 국민은 하루하루 생존경쟁에서 고전하고 있다. 많은 사람이 이들에게 응원의 메시지를 주고 있지만, 과연 언제까지 이렇게 무모한 전쟁이 지속될지 모두 우려를 하고 있다. 전쟁은 말 그대로 지극히 한 나라의 도발 욕과 광기에 치부된 가장 부정적인 현상이라고 할 수 있으며 이로 인해 무고한 민간인이 희생당하고 경제적 피폐는 이루 말로 표현할 수가 없는 것이다. 이로 인해 평화를 모든 사람이 기다리기는 하지만 쉽게 평화가 올 것 같지 않다는 불길한 예감이 든다. 이번 러시아와 우크라이나 전쟁을 발생 원인부터 시작해서 현재 상황 그리고 평화를 이루기 위한 다양한 국제제도 및 규범 나아가 방안들을 모색하면서 정말 한 치 앞도 알 수 없는 일촉즉발의 상황에서 하루하루 살아가는 것에 감사를 드리기도 했다. 그러면서 드는 생각이 국력은 힘이라는 생각과 더불어 한 명의 잘못된 지도자의 광기 어린 정치적 야욕으로 인해 얼마나 큰 피해가 해당 국가는 물론 주변국 나아가 세계 곳곳에 미칠 수 있는지 명확히 알 수 있었다고 생각한다. 부디 이 보고서를 제출하는 순간, 드디어 종전되었다는 반가운 소식을 접할 수 있으면 좋겠다는 생각이 들었다.

살며
생각하며

1판1쇄 2022년 9월 26일

저자 전설
발행인 이경화

발행처 디자인21
주소 04560 서울특별시 중구 퇴계로 293-1 3층
전화 02-2269-6561(대)
팩스 02-2269-6568
e-mail 21publish@naver.com

등록번호 제1-1128호
등록일자 1991.2.12

ISBN 978-89-6131-096-3 03810

정가 13,000원

* 잘못 만들어진 책은 교환하여 드립니다.

http://21publish.co.kr/
https://blog.naver.com/publish21